Prag

Der praktische Reiseführer
für Ihren Städtetrip

Impressum
Copyright © 2015 by arp, Ausgabe Dezember 2022
Herausgeber by arp
Ledererstraße 12, 83224,Grassau, Deutschland
Covergestaltung by arp
Text und Fotos: Angeline Bauer
Coverfoto: Prag, Karlsbrücke mit Brückenturm
Internet: http://www.by-arp.de

Was dieser Reiseführer bietet

Prag – die Goldene Stadt der hundert Türme! Sie liegt in einem weiten Tal an der Moldau und ist von sieben Hügeln umgeben. Auf einem dieser Hügel thront die Burg, die mit einer Ausdehnung von sieben Hektar die größte Burganlage der Welt ist. Doch hat die Hauptstadt der Tschechischen Republik noch vieles mehr zu bieten. Dicht an dicht drängen sich Sehenswürdigkeiten. Berühmte Künstler wie der Schriftsteller Kafka, der Musiker Dvořák oder der Maler Mucha wirkten hier, deren Leben man in kleinen, aber informativen Museen nachvollziehen kann. Nicht zu vergessen, die vielen Kneipen und Restaurants, in denen man das berühmte tschechische Pils oder die deftige böhmische Küche genießen kann.

Mit diesem Reiseführer wird es Ihnen leichtfallen, sich in Prag zurechtzufinden, denn unser Altstadt-Rundgang mit genauer Wegebeschreibung bringt Sie in logischer Reihenfolge zu den angesagtesten Sehenswürdigkeiten. Viele Tipps und die wichtigsten Adressen, Links und Telefonnummern ersparen Ihnen bereits in der Vorbereitungsphase für Ihren Städtetrip mühevolles Recherchieren. Besondere Museen und Festivals finden ebenso Erwähnung wie z.B. Parkmöglichkeiten, regionale Spezialitäten, Hinweise für Rollstuhlfahrer, Camper oder Hundebesitzer.

Alle Artikel sind mit dem Inhaltsverzeichnis verlinkt. Ein Klick genügt, und Sie haben gefunden, was Sie suchen.

Tipp: Lesen Sie die informativen Artikel am Ende dieses Reiseführers bereits vor Abreise, damit Sie sich auf die örtlichen Gegebenheiten einstellen können und vor unangenehmen Überraschungen sicher sind.

Wir möchten darauf hinweisen, dass sich Preise und Öffnungszeiten von touristischen Einrichtungen jederzeit ändern können.

Inhaltsverzeichnis

Sämtliche Angaben in diesem E-Book erfolgen unverbindlich und ohne Gewähr. Wir beziehen uns mit unseren Aussagen neben persönlichen Erfahrungen auf Recherchen im Internet, Webseiten der Stadt, sowie auf Hinweise der Touristik-Information.

Wissenswertes über Prag

Mit weit über einer Million Einwohnern ist Prag nicht nur Hauptstadt, sondern auch bevölkerungsreichste Stadt der Tschechischen Republik. Sie liegt in einer Ebene an der Moldau, die von sieben Hügeln umgeben ist. Als offizielles Datum der Stadtgründung gilt das Jahr 870 - das Jahr der Grundsteinlegung der Prager Burg.

Wie der Name Praha (deutsch Prag oder lat. Praga) entstand, kann nicht mit Sicherheit gesagt werden. Dem Chronisten Cosmas zufolge soll eine Wahrsagerin, Fürstin und Richterin namens Libuše die Gründerin der Stadt gewesen sein. Der Mythos erzählt, dass sie ihre Leute in einen Wald schickte, damit sie einen Baum fällten, um daraus eine Türschwelle zu schlagen. An eben dieser Stelle soll Libuše später Prag gegründet haben - 'práh' ist ein tschechisches Wort für Tür (-schwelle). Auch ein wissenschaftlicher Erklärungsversuch stellt einen Bezug zum Wort 'práh' her. Dort wo Prag liegt, wurde die Moldau einst mit hohen Holzschwellen begradigt. Als eher unwahrscheinlich erweist sich ein dritter Erklärungsversuch. Er bezieht sich auf das tschechisches Wort 'pražit', das ‚brennen' bedeutet. Die Verfechter dieser Möglichkeit nehmen an, dass der Platz, an dem die erste Siedlung entstanden war, zuvor durch Brand gerodet wurde.

Auch mit zwei malerischen Beinamen kann Prag aufwarten. ‚Goldene Stadt‘ oder ‚Stadt der hundert Türme‘. Beide Namen beziehen sich auf die vielen Sandsteintürme Prags, die im Sonnenlicht golden schimmern. Außerdem ließ Kaiser Karl IV. die Türme der Prager Burg vergolden, was zu diesem Namen beigetragen haben mag.

Kaiser Karl IV., die Friedensnobelpreisträgerin Bertha von Suttner, die Schriftsteller Jaroslav Hašek (Der brave Soldat Schwejk) und Franz Kafka oder Madeleine Korbel Albright, die erste Außenministerin der Vereinigten Staaten von Amerika, sind nur einige wenige der vielen bekannten Persönlichkeiten, die in Prag das Licht der Welt erblickten.

Wichtigster Wirtschaftszweig dieser Stadt ist der Tourismus. Zwanzig Millionen Touristen zählt Prag pro Jahr. Seit 1992 gehört der historische Kern der mehr als 1100 Jahre alten Stadt mit seinen romanischen Rotunden, gotischen Kathedralen, Barock- und Renaissance-Palästen und Kopfsteinpflaster-Gassen zum UNESCO-Welterbe. Im Jahr 2000 wurde Prag zudem als „Europäische Kulturmetropole des Jahres" ausgezeichnet.

Neben den zahlreichen kulturellen Highlights lockt auch das weltbekannte tschechische Bier Touristen aus aller

Welt nach Prag. So wie man in Frankreich traditionell Wein trinkt, ist der Genuss von Bier in Tschechien 'Kulturgut'. So wundert es auch nicht, dass es nirgends sonst so viele ausgesprochene Bierkneipen gibt wie in diesem Land.

Geschichte in Kürze

Das Gebiet um Prag ist bereits seit der Altsteinzeit bevölkert. Bis etwa 50 v. Chr. siedelten hier die Boier, ein keltischer Stamm, der aus dem Rhein-Main-Donau-Gebiet zugewandert war. Ihnen folgten die germanischen Markomannen, die sich ab dem 6. Jahrhundert slawischen Stämmen unterordneten.

Im 9. Jahrhundert wurde die ‚Prager Burg' errichtet, im 10. entstand ihr gegenüber als Sitz der Přemysliden (ein böhmisches Herrschergeschlecht) eine zweite Burg. Unter dem Schutz dieser beiden Festen konnten sich die Siedlungen zu ihren Füßen frei entwickeln. Auch eine jüdische Gemeinde entstand, die lange Zeit als das größte und bekannteste Zentrum jüdischer Kultur in Europa galt.

In den Dreißigerjahren des 13. Jahrhunderts ließ König Wenzel I. die größte der romanischen Siedlungen an der Moldaubiegung befestigen, erteilte ihr das

Stadtrecht und erhob sie zur Residenzstadt. Sein Sohn Přemysl Ottokar II. gründete 1257, nachdem er die tschechische Bevölkerung vertrieben hatte, die erste Prager Neustadt, die sogenannte Kleinseite (Malá Strana). Anfang des 14. Jahrhunderts legten die Burggrafen eine weitere ‚Prager Neustadt' an, der man den Namen Burgstadt (Hradčany') gab.

Immer mehr Intellektuelle, Handwerker sowie deutsche und jüdische Kaufleute ließen sich in diesen drei damals noch autonom geführten Stadtteilen nieder. So erblühte das Gebiet an der Moldauschleife, wo sich die böhmischen, deutschen und jüdischen Kulturen gegenseitig bereicherten, zu einem der wichtigen politischkulturellen Zentren Mitteleuropas.

Im 14. Jahrhundert erklärte Kaiser Karl IV. Prag zur Reichshauptstadt und zum repräsentativen Kaisersitz des Heiligen Römischen Reiches Deutscher Nation. Damit erlebte sie einen weiteren kulturellen, wirtschaftlichen und politischen Aufschwung. Reiche Kaufleute investierten in Kunst und Bildung, die Karls-Universität wurde als erste Universität Mittel- und Osteuropas gegründet.

Zu dieser Zeit lebten in Prag bereits weit über 40.000 Menschen, die Mehrheit von ihnen deutschsprachig.

Das käme heute einer Millionenstadt gleich. Doch ab dem Jahr 1419 zogen mehrere kriegerische Auseinandersetzungen zwischen den Kaiserlichen und den Hussiten (Kirchenreformer) die Stadt und auch ihr Ansehen schwer in Mitleidenschaft. Als Aufständische das Rathaus stürmten und einige Ratsherren aus dem Fenster warfen (Prager Fenstersturz), erlitt der Kaiser einen Herzinfarkt und starb drei Wochen später.

Die Stadt verlor ihren Status, bis sie unter Rudolf II., ebenfalls Kaiser des Heiligen Römischen Reiches, Ende des 16. Jahrhunderts wieder zur Residenzstadt wurde. Doch obwohl sie nun wieder Zentrum des politischen, gesellschaftlichen und kulturellen Lebens in Mitteleuropa war, kam sie nicht mehr zur Ruhe. Mit dem zweiten ‚Prager Fenstersturz' wurde der Dreißigjährige Krieg eingeläutet. Auch der Siebenjährige Krieg, der in Mitteleuropa, Portugal, Nordamerika, Indien und der Karibik wütete, setzte Prag zu.

Während dieser schweren Zeit noch autonom geführt, schlossen sich die Burgstadt (Hradčany), die Kleinseite (Malá Strana), die Altstadt (Staré Město) und die Neue Stadt (Nové město), die als letzte an der Moldauschleife gegründet worden war, 1784 endgültig zusammen. Das Prag in seiner heutigen Form war gegründet.

Bereits seit dem Mittelalter galt Prag als weltoffen und hatte einen hohen kulturellen Standard. Viele Künstler lebten und wirkten hier. Darunter so namhafte Literaten wie Rainer Maria Rilke, Gustav Meyrink, Max Brod oder Franz Kafka. Doch dem regen kulturellen Austausch standen im vorletzten und letzten Jahrhundert vermehrt Konflikte zwischen den verschiedenen Volksgruppen gegenüber. Nach dem Ersten Weltkrieg wurde der Nationalstaat der Tschechen und Slowaken gegründet, die Tschechoslowakei. Doch auch in dem jungen demokratischen Staat glommen die Konfliktherde zwischen den Volksgruppen weiter.

Nach dem Einmarsch der deutschen Wehrmacht 1938 wurde Prag Hauptstadt des von Adolf Hitler errichten 'Reichsprotektorat Böhmen und Mähren'. Zu dieser Zeit lebten etwa 120.000 Juden in den böhmischen Ländern, viele davon in Prag. Fast die gesamte jüdische Bevölkerung wurde deportiert, zwei Drittel von ihnen wurden von den Nationalsozialisten ermordet.

Trotz heftiger Gegenwehr gelang es der Roten Armee bei Kriegsende, Prag einzunehmen. Die deutschstämmigen Prager wurden vertrieben, interniert oder umgebracht, die in Prag ansässigen Ungarn enteignet und zwangsausgesiedelt.

Im Februar 1948 gelang unter Klement Gottwald die Vollendung der kommunistischen Machtübernahme. Zwanzig Jahre lang fügte sich die Prager Bevölkerung dem autoritären Sozialismus, bis im Frühling 1968 Aufständische unter Führung von Alexander Dubček auf friedliche Weise versuchten, einen , menschlicheren Sozialismus' zu erringen (Prager Frühling). Doch sie wurden von Truppen des Warschauer Pakts mit Waffengewalt niedergezwungen. Noch einmal zwanzig Jahre vergingen, ehe es den Pragern 1989 durch die sogenannte Samtene Revolution gelang, das Ende des sozialistischen Regimes herbeizuführen.

In diesem Zusammenhang wurde auch die jüngere deutsche Geschichte maßgeblich beeinflusst, denn als im Sommer 1989 immer mehr ausreisewillige DDR-Bürger Zuflucht in der Prager Botschaft der Bundesrepublik Deutschland suchten, läutete das den Fall der Mauer ein.

Damit war aber auch das Ende der Tschechoslowakei vorbestimmt. Seit dem 1. Januar 1993 sind Tschechien und Slowakei autonom geführte Staaten, und Prag ist seitdem Hauptstadt der Tschechischen Republik.

Rundgang

Südlich der großen Moldauschleife befindet sich die Altstadt Prags, die zum Glück im Zweiten Weltkrieg weitgehend verschont blieb. Allerdings hinterließ der bis 1989 andauernde Kommunismus seine Spuren von Verfall und Bausünden, die bis heute noch nicht vollständig beseitigt sind.

Das historische Zentrum wird durch die Moldau in zwei Teile getrennt. Am linken Ufer liegen die Prager Burg und die Kleinseite, am rechten die Altstadt, das jüdische Viertel und die Neustadt, die ebenfalls zu den historischen Stadtvierteln zählt. Verbunden werden diese Stadtteile durch die Karlsbrücke, die neben der Burg als Wahrzeichen Prags gilt.

Auf unserem Rundgang folgen wir Großteils dem Krönungsweg, auch Königsweg genannt. Ihn legten die zukünftigen Monarchen von Böhmen am Tage ihrer Krönung zurück. Ausgangspunkt war der einstige Königspalast. Von dort betrat man durch den Pulverturm (ein historischer Torturm) die Altstadt. 1903 wurde der Palast geschleift, danach an seiner Stelle das 'Gemeindehaus' errichtet. Es ist Kulturzentrum und Konzerthalle und wurde im Jugendstil erbaut.

Der Krönungszug führte durch die Zeltnergasse zum Altstädter Rathaus, weiter in die Karlsgasse, über die Karlsbrücke und von dort durch die Brückengasse zum Kleinseiter Ring. Der letzte Abschnitt des Krönungsweges, die Nerudova, führt bergauf zum Hradschiner Platz und weiter in den St.Veitsdom, der im Burgareal liegt.

Wir beginnen unseren Rundgang am Hauptbahnhof (Parkmöglichkeiten und Weg dorthin siehe unten). Natürlich müssen Sie nicht am Bahnhof anfangen, Sie können an jeder beliebigen Stelle in unseren Rundgang einsteigen. Dann rufen Sie einfach die entsprechende Sehenswürdigkeit per Klick auf und folgen von da an wie beschrieben unserem Weg. Sind Sie am Bahnhof angelangt, machen Sie dort einfach wie beschrieben weiter.

Central Station (hlavní nádraží)

Der Bahnhof wurde von Josef Fanta entworfen und 1909 eröffnet. Damals galt er als architektonisches Meisterwerk. Noch immer besticht er durch seine luftige Kuppel, die Glasfenster und die geschnitzten Frauengesichter, die Prag als ‚Mutter aller Städte' darstellen sollen. Der ursprüngliche Eingang mit seinem schmiedeeisernen Baldachin und den nackten Figuren an beiden Seiten des 'Turms' befindet sich oben auf einer Balustrade.

In den 1970-er Jahren wurde der Bahnhof um ein neues Terminal vergrößert, zu dem eine U-Bahn Station gehört. Über das Dach des neuen Gebäudes führt die Wilsonova, eine sechsspurige Hauptverkehrsstraße. In den Jahren 2010 und 2011 wurde der Bahnhof renoviert und umfassend modernisiert.

Die Gegend um den Prager Hauptbahnhof gilt als unsicher. Seit der Renovierung hat sich die Lage verbessert, aber noch immer sieht man dort viele seltsame Gestalten, und man muss sich vor Taschendieben in Acht nehmen.

Tipp: In der Eingangshalle ist eine Touristeninfo. Besorgen Sie sich dort zur zusätzlichen Orientierung einen kostenlosen Stadtplan.

Falls Sie Gepäck haben, das Sie nicht mitschleppen wollen, mieten Sie eins der Schließfächer, die in Prag sehr günstig sind.

Auf der Wilsonova, also vor dem alten Bahnhofsgebäude, befindet sich ein Taxistand. Falls Sie dort ein Taxi nehmen wollen, um z.B. zu einem Hotel zu fahren, lesen Sie vorher den Artikel **Taxi** . Gerade am Bahnhof werden oft überhöhte Preise verlangt.

So gehen Sie weiter: Verlassen Sie den Hauptbahnhof durch das neue Terminal, in dem sich auch die U-Bahn befindet. Vor Ihnen liegt ein Parkähnlicher Grünstreifen. Gehen Sie weiter geradeaus, um ihn zu durchqueren. Sie kommen zur Opletalova, die Sie ebenfalls überqueren, um links am Hotel Chopin vorbei auf der Jeruzalémská weiterzugehen. Nach etwa 100 Metern sehen sie rechts die Jerusalemsynagoge.

Die Jerusalemsynagoge

wurde 1904 bis 1906 erbaut und ab 1993 schrittweise renoviert. Nun erstrahlt sie wieder in neuem Glanz und bunten Farben.

Außer an Sonnabenden und jüdischen Feiertagen ist sie von April bis Oktober auch für Touristen geöffnet. Eine Innenbesichtigung des im maurischen Stil prächtig ausgestatteten und reich ornamentierten Gebäudes lohnt sich.

Adresse: Jeruzalémská 7
Sollten Sie ihre Emails abrufen wollen, hier in der Nähe haben Sie die Möglichkeit, sich kostenlos ins Netz einzuwählen (im Artikel *Post / Telefon / Handy / Internet / Strom*

 - erfahren Sie mehr darüber).

Wer dem Rundweg weiter folgt, bleibt auf der *Jeruzalémská*, bis sie auf eine Straße stößt. Hier links abbiegen, nach dem 'Heinrichsturm' rechts auf die *Senovážné nám* und geradeaus weiter. (Vorsicht, lassen Sie sich nicht verwirren, denn die *Senovážné nám* beschreibt hier ein großes Dreieck!). Nach etwa 50 Metern wird die *Senovážné nám* zur *Senovážná*. Ihr folgen, bis sie auf eine Querstraße stößt. Hier links, und Sie sehen den Pulverturm und das Gemeindehaus vor sich. Man geht 500 Meter.

Pulverturm und Gemeindehaus (Obecní dům)

Mit dem Bau des 65 Meter hohen gotischen Torturmes, der gleich neben dem heute nicht mehr existierenden Königsschloss errichtet wurde, begann man 1475. Als König Vladislav II. jedoch erkannte, dass es zu gefährlich war, im unbefestigten Schloss in der Altstadt zu leben, zog er anno 1484 mit seinem Hofstaat zurück auf die Burg. Damit war der prächtige Turm, der ein Repräsentationsobjekt sein sollte, überflüssig geworden. Die Arbeiten wurden unterbrochen. Fast 400 Jahre hatte er ein provisorisches Dach, bis man ihn 1886 im neugotischen Stil nach dem Vorbild des Altstädter Brückenturms endlich fertigstellte.

Seinen Namen trägt er, weil er bis Ende des 17. Jahrhunderts als Lager für Schwarzpulver diente.

An den Turm schließt das Gemeindehaus an. Es wurde Anfang des 20. Jahrhunderts von den Architekten Antonín Balšánek und Osvald Polívka anstelle des alten Königsschloss im Jugendstil erbaut. Dort, wo sich die beiden Trakte treffen, die einen geöffneten Scherenwinkel bilden, befindet sich ein reichverziertes Portal mit einem Balkon. Unter dem Bogen, auf dem ein Zitat von Svatopluk Čech zu lesen ist, sieht man ein Mosaik von Karel Špillar, das die Verherrlichung von Prag darstellt. Dahinter ragt eine Kuppel auf, die von zwei Statuengruppen von Ladislav Šaloun flankiert wird. Sie stellt die Demütigung und Auferstehung der tschechischen Nation dar.

An der reichen Innenausstattung des Gemeindehauses mit Ausstellungsraum und Konzertsaal waren weitere bekannte Künstler der Jahrhundertwende beteiligt, unter anderem Mikoláš Aleš, Max Švabinský, Josef Václav Myslbek und Alfons Mucha. Ein Blick hinein lohnt sich!

Adresse: Prašná brána / Platz der Republik

So gehen Sie weiter: Durch den Pulverturm und geradeaus auf die *Celtné Ulice*

Celetná Ulice (Zeltnergasse) - Türzeichen und Hausnummern

Diese Straße ist von barocken Bürgerhäusern gesäumt. Sie verbindet den Pulverturm mit dem Altstadtplatz und ist Teil des 'Königswegs'. Ihr Name leitet sich vermutlich vom Namen einer traditionellen Brotsorte ab, die in diesem Bezirk gebacken wurde. Einige der wichtigsten Bauten sind das Haus zum *Goldenen Engel*, der *Pachtuv-Palast* und das kubistische Haus der Schwarzen Madonna. Im Haus *Zu den drei Königen* (Nr. 3) lebte Franz Kafka als Jugendlicher.

Zu beachten sind die kunstvollen Hauszeichen, die hier, wie überall im historischen Prag, über den Eingangstüren zu finden sind. Sie erinnern an Wappen und dienten, als es noch keine Hausnummern gab, zur Orientierung. Dann hieß es zum Beispiel: „Ich wohne im Haus zum Roten Adler", und der Besucher konnte sich durchfragen, bis er die Tür fand, über der ein roter Adler zu sehen war.

Tiere waren am häufigsten auf diesen Türzeichen zu sehen. Andere zeigten Heilige oder Engel, die das Haus beschützen sollten, und wieder andere wiesen darauf hin, welches Handwerk oder Gewerbe in diesem Gebäude betrieben wurde. Das Haus *Zur goldenen*

Schlange zum Beispiel war eine Apotheke, das Haus *Zu den drei kleinen Geigen* gehörte einer Geigenbauerfamilie.

Seit um 1770 herum Hausnummern eingeführt wurden, dienten solche Türzeichen nur noch als schmückendes Zierwerk.

Prager Tür mit zwei Hauszeichen,
Konskriptionsnummer und Hausnummer

Apropos Hausnummern: Man findet in Prag rote und blaue Nummern an den Häusern. Die roten Nummern sind Konskriptionsnummern. Sie wurden als Erstes eingeführt. Bei dieser Methode hat man die bereits bestehenden Häuser systematisch durchnummeriert. Kamen später neue Gebäude hinzu, erhielten sie die nächstfolgende Nummer, egal in welchem Teil des Ortes sie errichtet wurden. Weil diese Art der Nummerierung mit der Zeit jedoch zu unübersichtlich wurde, bekamen die Häuser im 19. Jahrhundert eine neue Nummerierung (blaue Schilder) dazu. Diese wechselseitige Nummerierung, auch 'Orientierungsnummerierung' oder 'Zickzackprinzip' genannt, kennen wir auch bei uns.

So gehen Sie weiter: Nach etwa 550 Metern auf der *Celetná Ulice* erreichen Sie den

Altstädter Ring

Dieser neuntausend Quadratmeter große Platz wurde Ende des elften Jahrhunderts als Markt- und Paradeplatz angelegt. In seiner Mitte sieht man ein Denkmal des tschechischen Reformators Jan Hus. Von historischen Kirchenfassaden, Bürger- und Adelshäusern aus den verschiedensten Jahrhunderten umgeben, verdient der Altstädter Ring ein besonderes Augenmerk. Zahlreiche Cafés und Restaurants, Souvenirshops und

Darbietungen von Pantomimen, Straßenmusikanten und anderen Künstlern sorgen zudem für eine gemütliche Atmosphäre. Die Preise rund um den Platz sind entsprechend hoch.

Das Altstädter Rathaus

Betritt man den Platz von der *Celetná Ulice* aus, fällt der Blick aus erstes auf das Rathaus. Es ist zu erkennen an dem einzelnen eckigen Turm mit einem roten Gebäude an seiner Seite.

Das erste Rathaus entstand an dieser Stelle im 13. Jahrhundert. Doch davon ist heute so gut wie nichts mehr zu sehen. Durch diverse Abbrüche und Neubauten veränderte das Rathaus sein Gesicht stetig, und schließlich fiel in den letzten Kriegstagen des Zweiten Weltkrieges fast der gesamte Nordflügel den Bomben zum Opfer. Nur ein kleiner Teil davon und der Turm mit der Erkerkapelle aus dem 14. Jahrhundert blieben erhalten. Seitdem klafft eine Lücke in der Bebauung des einst geschlossenen Platzes.

Der Rathausturm misst einundvierzig Meter. Man kann ihn besteigen oder mit dem Aufzug bis zum Aussichtsbalustrade fahren. Von oben hat man einen weiten Blick über den Altstädter Ring und die Altstadt. Der

Turm ist ab vormittags bis in die Abendstunden geöffnet.

Betrachtet man das Rathaus von der Südseite (links vom Turm), sticht als erstes die Astronomische Uhr ins Auge. Das reichverzierte Portal links daneben stammt aus dem 15. Jahrhundert, das Renaissancefenster (rechts in der Fassade) aus der Zeit um 1520.

Im Erdgeschoss des Rathauses ist eine Tourist-Information. Falls Sie am Hauptbahnhof versäumt haben, sich einen Stadtplan zu besorgen, können Sie es hier nachholen.

Astronomische Uhr

Die weltweit bekannte astronomische Uhr von Prag hat eine lange, ereignisreiche Geschichte hinter sich gebracht. Sie stammt aus dem frühen 15. Jahrhundert. Neben der Uhrzeit zeigt sie den Umlauf von Sonne und Mond und den Stand der Tierkreiszeichen an. Sie zählt zu den beliebtesten Sehenswürdigkeiten der Stadt. Dementsprechend viele Leute tummeln sich zu jeder vollen Stunde zwischen 10 und 21 Uhr auf dem Platz. Dann öffnen sich die beiden kleinen Fenster über dem oberen Zifferblatt, und die 12 Apostel drehen ihre Runde. Auch die Figuren neben den Zifferblättern bewegen sich, und mit dem letzten Glockenschlag kräht ein kleiner goldener Hahn, der etwas heiser klingt und deshalb die Leute zum Lachen bringt.

Das mechanische Uhrwerk mit dem astronomischen Ziffernblatt (oben) stammt aus dem Jahr 1410. Dabei handelt es sich um eine der wenigen noch laufenden Astrolabiumsuhren überhaupt. Astrolabiumsuhren sind an der Sternenscheibe (Rete) zu erkennen, die sich über dem Uhrwerk mit dreht. Dieser erste Teil der Rathausuhr von Prag wurde von Mikuláš z Kadaně nach den Plänen von Jan Šindel gebaut, der als Professor für Mathematik und Astronomie an der Karls-Universität lehrte.

Um 1490 wurde die Uhr um das untere Zifferblatt mit dem Kalender ergänzt. Im Jahr 1551 beauftragte der Rat Jan Táborský z Klokotské Hory, die Uhr umfassend zu restaurieren. Hierbei führte er die halbe Stunde ein, ergänzte das Uhrwerk durch den Kalendarium-Antrieb und erweiterte das Uhrengefüge um zwei Sonnenuhren auf beiden Seiten des Zifferblattes. Sie wurden allerdings 1866 im Zuge einer umfangreichen Reparatur wieder entfernt und durch zwei neue, beleuchtete Zifferblätter mit römischen Zahlen ersetzt.

Im 17. Jahrhundert wurde die Uhr durch die seitlichen, sich bewegenden Figuren ergänzt. Das Rad mit den

Figuren der 12 Apostel ist erst ab 1860 belegt, und der goldene Hahn in der Nische über den beiden Fenstern kam 1882 hinzu.

Im 18. Jahrhundert war die Uhr in einem so schlechten Zustand, dass sie beinahe verschrottet worden wäre. Nur dank des unermüdlichen Einsatzes Professor Antonín Strnads, der an der Karls-Universität lehrte, blieb sie erhalten und wurde umfassend repariert. Trotzdem lief sie nur mangelhaft. Erst nach einer weiteren Reparatur im Jahr 1866 lief sie wieder in vollem Umfang.

Und dann hätte beinahe doch noch ihr letztes Stündlein geschlagen! In den letzten drei Tagen des Zweiten Weltkrieges beschossen deutsche Panzer das Rathaus. Dabei wurde die Uhr so schwer beschädigt, dass niemand mehr daran glaubte, dass sie noch einmal repariert werden könnte. Als es wider Erwarten doch gelang, sie zum Laufen zu bringen, beschloss man, die Uhr als Ganzes wiederherzustellen. Nur zwei der Apostelfiguren haben das Kriegsinferno überstanden, sie befinden sich im Prager Stadtmuseum. Die Figuren, die heute zu sehen sind, sind originalgetreue Kopien von Vojtěch Sucharda.

Haus zur Minute

Das spätgotische zweistöckige Haus (links neben der Astronomischen Uhr des Altstädter Rathauses) ist an seinen einzigartigen Sgraffito-Verzierungen aus dem beginnenden 17. Jahrhundert leicht zu erkennen. Erbaut wurde es Anfang des 15. Jahrhunderts. Die Sgraffitomalereien entstanden nach und nach. Sie zeigen Herrscherporträts, Szenen aus der antiken Mythologie, Renaissancelegenden, einen Triumphzug und Figuren aus dem Alten Testament. Von Juni 1889 bis September 1896 lebte Franz Kafka mit seinen Eltern in diesem Haus. Zu der Zeit waren die Sgraffitomalereien jedoch übertüncht.

So gehen Sie weiter: Zurück auf den Platz. Ihr Blick fällt auf einen Gebäudekomplex, hinter dem sich zwei eckige Türme einer Kirche erheben.

Teynkirche

Die im gotischen Stil erbaute Kirche 'St. Maria vor dem Teyn' wird kurz 'Teynkirche' genannt. Mit dem Bau der dreischiffigen Kathedrale begann man 1365, fertiggestellt wurde sie jedoch erst im 15. Jahrhundert. Noch im selben Jahrhundert wurde die Kathedrale von der hussitischen Reformbewegung als Kirche genutzt - Jan Hus,

Anführer der hussitischen Bewegung, wirkte hier einige Jahre.

Ins Auge stechen der auffallende Giebel und die achtzig Meter hohen, ungleichen Türme. Der eine ist etwas kompakter als der andere, angeblich, um männliche Stärke zu demonstrieren. Das Nordportal mit einem Relief, auf dem das Leiden Christi dargestellt wird, stammt von Peter Parler.

Im Inneren sind der barocke Altar, die Kuppel, die Mundt-Orgel aus dem 17. Jahrhundert und das Marmor-Grab mit den sterblichen Überresten des dänischen Astronomen Tycho Brahe nennenswert. Außerdem eine gotische Kanzel und ein gotisches Taufbecken aus Zinn und einige Skulpturen tschechischer Künstler aus dem Mittelalter, die Szenen aus der Passion Christi zeigen.

Die Kirche betritt man über den Laubengang eines kleinen Hofes, der sie von der vorgelagerten Teynschule trennt.

Hinter der Teynkirche, im Ungelt-Hof, logierten einst die Kaufleute, die von weither kamen.

Teynschule und das Haus zum weißen Einhorn

Vor der Teynkirche sieht man zwei Häuser. Das linke Gebäude ist die sogenannte Teynschule.

Bis Anfang des 13. Jahrhunderts wurden Schulen ausschließlich von Klerikern betrieben, mit dem hauptsächlichen Ziel, Nachwuchs für die eigenen Reihen heranzubilden. Durch das IV. Laterankonzil von 1215 wurde festgeschrieben, dass zukünftig jede Pfarrkirche einen Lehrer zur Verfügung zu stellen hatte, der ärmeren Schülern unentgeltlichen Unterricht erteilen sollte, auch dann, wenn sie nicht vorhatten, eine geistliche Laufbahn einzuschlagen. So entstanden neben den Dom- und Klosterschulen immer mehr sogenannter 'Pfarrschulen', in denen Lesen und Schreiben auf der Grundlage der lateinischen Sprache gelehrt wurde.

So eine Pfarrschule betrieb ab Beginn des 15. Jahrhunderts bis ins 19. Jahrhundert hinein auch die Teynkirche, an der unter anderem der große Baumeister Matthias Rejsek von Prostějov unterrichtete.

Das rechte Gebäude vor der Teynkirche ist das Haus zum weißen Einhorn. Im Untergeschoss ist heute das

Café u Tyn, in den Räumen darüber wird eine Ausstellung von Plakaten von Alfons Mucha gezeigt.

Teynkirche mit Teynschule und Haus zum weißen Einhorn

Haus Zur Steinernen Glocke

Links, durch eine schmale Gasse von der Teynschule getrennt, steht das *Palais Goltz-Kinsky*, auch *Haus zur Steinernen Glocke* genannt. Man vermutet, dass es einmal Königin Elisabeth gehörte, die dem böhmischen Geschlecht der Premysliden entstammte. Name und Glocke auf dem Hausschild sollen daran erinnern, dass 1310 Königin Elisabeth und ihr Gemahl Johann von Luxemburg durch eine List in die Stadt gelangten. Das soll so vor sich gegangen sein: Elisabeths Kaplan, der sich noch in Prag aufhielt, läutete eine Glocke. Auf dieses Zeichen hin wurden die Tore geöffnet. So gelangte das Paar mit seinem Gefolge in die von der Armee Heinrichs von Kärnten besetzte Stadt, und der erst vierzehnjährige Johann von Luxemburg konnte sie ohne Blutvergießen einnehmen.

Man vermutet außerdem, dass Karl IV. im Jahre 1333 im *Palais Goltz-Kinsky* abstieg, als er die Prager Burg nach seiner Rückkehr aus Frankreich und Italien menschenleer vorfand.

Zu den bauhistorischen Fakten: Im Zuge einer Untersuchung in den Sechzigern des letzten Jahrhunderts, wurden im Keller frühgotische Tonnengewölbe und unter der Barockfassade Reste eines gotischen Turm-Palais aus dem frühen 14. Jahrhundert entdeckt. Nach langem Hin und Her beschloss man, die in der Barockzeit vorgenommenen baulichen Veränderungen an diesem Gebäude zu beseitigen. Die Rekonstruktionsarbeiten wurden 1987 abgeschlossen.

In der Attika sind Statuen der vier Elemente zu sehen. Sie stammen aus der Werkstatt von Ignaz Franz Platzer, einem königlich-kaiserlichen Hofbildhauer des böhmischen Spät-Barocks. In dem Palais ist heute eine Abteilung der Nationalgalerie untergebracht.

Schräg gegenüber der Teynkirche, auf der anderen Seite des Platzes, befindet sich die

St. Niklas-Kirche in der Altstadt

1732 entwarf Kilian Ignaz Dientzenhofer, einer der bedeutendsten Architekten seiner Zeit, die Pläne zu dieser Kirche. Bereits fünf Jahre später wurde sie eingeweiht.

Bei ihrer Erbauung war die Frontfassade, die zu einem heute nicht mehr bestehenden Benediktinerkloster gehörte, vom Altstädter Ring her nicht einsehbar. Erst als 1902 Bomben das ihr gegenüberliegende *Krenn-Haus* zerstörten und damit ein Loch in die Bebauung des Platzes rissen, entstand der freier Blick auf die Kirche mit der hohen Kuppel und den zwei schlanken Türmen.

Die Statuen an der Barockfassade stammen von Antonín Braun, die reiche Stuckverzierung im Inneren von Bernardo Spinetti. Die Deckenfresken sind von Kosmas Damian Assam, der zusammen mit seinem Bruder solche Wunderwerke erschuf, wie die 'bewegliche Deckenmalerei' der Kirche Maria de Victoria in Ingolstadt an der Donau.

Genau fünfzig Jahre diente St. Niklas ihrem eigentlichen Zweck, dann wurde sie als Lagerhaus verwendet, für einige Jahre zur Garnisonskirche, um schließlich 1871 von der russisch-orthodoxen Gemeinde übernommen zu werden. Seit 1920 steht sie unter der Verwaltung der Tschechischen Hussitischen Kirche, die vom Prager Reformator Jan Hus gegründet wurde.

Gehen Sie am Portal der St.-Niklas-Kirche vorbei. Sie kommen zum *Franz-Kafka-Platz* (náměstí Franze Kafky). Rechts (Ecke Kaprova/Maiselova) sieht man an einem Gebäude eine Bronzetafel mit dem Portrait Kafkas. Hier stand einst sein Geburtshaus, von dem jedoch nur das Portal mit einem Balkon erhalten ist.

Biegen Sie am *Kafka-Platz* links auf die *U Radnice* ein. Diese Straße endet nach etwa 200 Metern auf dem *Kleinen Ring*.

Kleiner Ring

Mit seinen gotischen Portalen und Barockfassaden zählt der *Kleine Ring* zu den schönsten Plätzen der Prager Altstadt. In seiner Mitte steht ein Brunnen mit schmiedeeisernen Renaissancegittern. Er stammt aus dem 16. Jahrhundert.

Viele der Häuser, die dort zu sehen sind, haben eine Geschichte zu erzählen. Die Fassade des *Rott'schen Hauses* (Nr. 3), Ende des 19. Jahrhunderts über zwei romanischen Untergeschossen im Stil der Neorenaissance erbaut, zeigt Gemälde von Mikolás Ales. Sie führen das Warenangebot des Werkzeughändlers Rott vor Augen, dem das Gebäude zu dieser Zeit gehörte, und zeigen Allegorien des Handwerks und der Landwirtschaft. Heute befindet sich das Hard-Rock-Café im ersten Stock. Im Vorgängerhaus druckte 1488 der Buchdrucker Jan Pytlik die erste Bibel in tschechischer Sprache.

Im *Richterhaus* (Nr.11) befand sich einst die erste Apotheke Prags, von einem Apotheker aus Florenz 1353 eröffnet.

Das *Haus zur Goldenen Lilie* (Nr.12) gilt als das älteste Haus Prags.

Im Haus zur Goldenen Krone (Nr.13) wohnte um 1700 Baumeister Christoph Dientzenhofer, der unter anderem am Bau der St.Niklas-Kirche mitgewirkt hat.

Gehen Sie weiter auf der kleinen, mit Kopfsteinen gepflasterten Gasse neben dem Hard- Rock-Café. Es ist die Altstadtgasse *Karlova*, sie führt zur Karlsbrücke. Die

Gasse ist etwas verwinkelt, aber mit Wegweisern gut ausgeschildert.

Ganz sicher werden Sie nicht allein auf dem einstigen Krönungsweg sein, es sei denn, Sie sind bereits morgens um acht Uhr aufgebrochen. Das würde sich gewiss lohnen! Denn ob Altstadtring, die Karlsgasse, die Karlsbrücke oder die Burg – überall dort tummeln sich zu späteren Stunden Tausende von Touristen.

Es sind 650 Meter vom *Kleinen Ring* bis zur Mitte der Brücke.

Karlsbrücke mit Brückenturm

Die Karlsgasse (Karlova) führt direkt auf den *Altstädter Brückenturm* (Staroměstská věž) aus dem 14. Jahrhundert zu. Dieser gilt als einer der schönsten gotischen Tortürme Europas. Direkt über dem Torbogen sieht man in Sandstein gearbeitet die Wappen des römischen Kaisers, des böhmischen Königs und all der Länder, die zur Zeit des Brückenbaus zum Königreich Böhmen gehörten. Der Eisvogel, der von einem Schleier umgebenen ist, symbolisiert Wenzel IV. In Höhe der zweiten Etage sind überlebensgroße Plastiken Kaiser Karls IV., seines Sohnes Wenzel, sowie des Heiligen Veit zu sehen. Darüber folgen ein Schild mit Adler und ein Löwe, ganz oben schließlich die Statuen der Heiligen Adalbert und Sigismund.

Der Turm kann bestiegen werden. Vom Rundgang hat man einen schönen Überblick auf die umliegenden Gebäude, die Burg, die Brücke mit dem *Kleinseitner Brückenturm* und die andere Stadtseite.

Die Statue auf dem *Kreuzherrenplatz* neben dem Turm (rechts) zeigt Kaiser Karl IV. und stammt aus dem neunzehnten Jahrhundert. Dahinter die Kirche der ‚Kreuzherren mit dem Roten Stern‘, ein Ritterorden, der in Prag seinen Anfang nahm. Gegenüber des Brückenturms die Salvatorkirche, die zu einem nicht mehr bestehenden Jesuitenkloster gehörte.

Durch das Tor des Brückenturms betritt man die Karlsbrücke. Sie ist mit einer Länge von 510 Metern die größte von fünfzehn Brücken, die in Prag über die Moldau führen, und verbindet die Altstadt mit der Kleinseite.

Einst stand an selber Stelle die Judith-Brücke, gebaut im Jahr 1172. Sie war die erste steinerne Moldau-Brücke überhaupt. Bei der verheerenden Flut von 1342 brach sie jedoch ein. Fünfzehn Jahre später wurde auf Initiative Karls des IV. mit dem Bau einer neuen Brücke begonnen. Petr Parléř, unter dessen Leitung auch der *St. Veitsdom* erbaut wurde, war verantwortlicher Architekt. Angeblich ließ er Eidotter in den Mörtel mischen, um ihn haltbarer zu machen.

Die dreißig Statuen zu beiden Seiten der Brücke stammen aus dem siebzehnten Jahrhundert. Viele von ihnen sind jedoch nur Kopien, die Originale stehen im Lapidarium, das zum Nationalmuseum von Prag gehört. Die bekannteste der Statuen ist die des Heiligen Johannes von Nepomuk. Er war ein böhmischer Märtyrer, der aufgrund eines Todesurteils unter König Wenzel am 20. März 1393 von der Brücke in die Moldau gestoßen wurde.

Tausende von Touristen überqueren die Karlsbrücke täglich. Straßenmusikanten geben dort ihre Lieder zum Besten, Künstler stellen ihre Arbeiten aus, und Souvenirverkäufer bieten ihre Waren an. Kein Wunder, dass die Brücke schließlich zur Fußgängerzone erklärt werden musste.

Tipp: Besonders schön ist es, die Brücke abends bei Dunkelheit zu überqueren. Dann sind weniger Leute unterwegs, und Prag und die Burg erstrahlen im abendlichen Lichterglanz.

Bevor Sie die Brücke durch den zweiten Brückenturm (Malostranská věž) auf der Kleinseite wieder verlassen, gönnen Sie sich einen Blick zur Burg auf der einen und zur *Insel Kampa* auf der anderen Seite.

Die Insel Kampa

liegt rechter Hand und südlich der Karlsbrücke. Sie wurde künstlich angelegt und ist als Insel nur schwer zu erkennen. Der Teufelsbach (Certovka) trennt sie von der Kleinseite ab. Der südliche Teil der Kampa ist eine Parklandschaft, der nördliche Teil bebaut. Die Bürgerhäuser aus dem 16. Jahrhundert reichen bis dicht ans Ufer heran, weshalb die Insel etwas großspurig auch als „Pražské Benátky" (Prager Venedig) bezeichnet wird. Kleine Geschäfte, Restaurants und Cafés rund um den Hauptplatz der Kampa laden zum Bummeln und Verweilen ein. Ab dem 17. Jahrhundert ließen sich auch Adelige auf der Kampa nieder. Einige der Häuser sind auf diesem Platz noch erhalten.

Von den vielen Mühlen, die einst an den Ufern der Insel ihren Dienst verrichteten, sind heute nur noch zwei vorhanden. Die *Sova-Mühle* aus dem 13. Jh. befindet sich im südlichen Teil der Insel. Sie wurde 2003 zum Museum umfunktioniert, in dem moderne Kunst gezeigt wird. Das große Mühlenrad gehörte zur nicht mehr vorhandenen *Großprior-Mühle* und stammt vermutlich aus dem Jahr 1400.

So gehen Sie weiter: Nachdem Sie die Brücke verlassen haben, einfach geradeaus weiter, so Sie kommen zum *Kleinseitner Ring*. Von der Mitte der Brücke gerechnet sind es gute 500 Meter.

Kleinseitner Ring

Angelegt wurde der *Kleinseitner Ring*, damals noch 'Welscher Platz' genannt, im Jahr 1257. Er war Marktplatz und damit das Herzstück der Kleinseite, zu dieser Zeit noch eigenständige Siedlung. Die im gotischen Stil gehaltenen Häuser waren nicht so groß wie die heutigen. Auf der Südseite standen Galgen und Pranger, und die St.-Niklas-Kirche gab es damals nicht.

Bei einem Großbrand anno 1541 wurde der Platz jedoch in weiten Teilen zerstört und erhielt durch den Wiederaufbau ein ganz neues Gesicht. In der ersten Hälfte des 18. Jahrhunderts entstand unter Barock-Baumeister Dientzenhofer die *St.-Niklas-Kirche* auf der Kleinseite, die dem Platz seine einstige Größe nimmt und in den oberen und unteren Ring teilt. Zu den bemerkenswerten Gebäuden auf der Ost- und Nordseite gehört neben dem Kleinseitner Rathaus, das *Smiøický-*

Palais, das *Kaiserstein Palais*, dessen vier Giebel die vier Jahreszeiten schmücken, das *Palais Sternberg*, sowie das im Rokoko-Stil erbaute Haus *Zum steinernen Tisch*, in dem sich das berühmte 'Kleinseitner Kaffeehaus' befindet. Im Osten sind einige der Arkaden erhalten, die wohl einst um den gesamten Platz führten.

Zwischen 1859 und 1918 hieß der Kleinseitner Ring 'Radetzkyplatz'. Das Kleinseitner Kaffeehaus war um diese Zeit Treffpunkt von Künstlern und Literaten. Auch die Freunde Franz Kafka und Franz Werfel verkehrten hier.

In so manchen alten Kellergewölben befinden sich gemütliche Lokale, vor allem in den schönen Laubenhäusern an der Südseite des Platzes sind eine Reihe alter Trinkstuben zu finden. Auch im östlich gelegenen einstigen Rathaus (Malostranská Beseda), das im 17. Jahrhundert im Hochrenaissance-Stil erbaut wurde, ist heute ein nostalgisch anmutendes Restaurant und Kaffeehaus.

Die wichtigsten Gebäude rund um den Platz

Das barocke Palais Sternberg (Palac Šternberský) ist nicht zu verwechseln mit dem größeren *Sternberg Palast* bei der Burg. Es wurde in den Jahren 1689 bis 1707 unter Leitung Giovanni Battista Alliprandi erbaut. 1770 wurde in diesem Palais die erste tschechische Gesellschaft der Wissenschaften gegründet.

Im Inneren machen vor allem kostbare Fresken von sich reden. Die Deckenbilder 'Selbstmord der Dido', 'Trauernde Artemis' und 'Esther vor Ahasver' wurden von Michael Wenzel Halbax und Johann Rudolf Byss erschaffen.

Im ursprünglichen Gebäude, das an selber Stelle stand und unter dem Namen Bastion bekannt war, brach anno 1541 das verheerende Feuer aus, das den *Kleinseitner Ring*, die umliegenden Häuser, sowie einen großen Teil der Burgstadt *Hradschin* zerstörte.

Der **Smiricky Palast** (Palác Smiřických) liegt gleich daneben. Er ist der größte Palast auf der Nordseite des Platzes. Ursprünglich im Renaissance-Stil erbaut, wurde er 1763 im Stil des Spätbarocks umgestaltet. Er ist gut zu erkennen, denn rechts und links begrenzen ihn zwei schlanke hohe Ecktürme.

Das *Palais Smiřický* hat nicht nur solche bauliche Besonderheiten zu bieten, sondern ist auch geschichtlich relevant - hier wurde 1618 von Vertretern der Opposition der 'Zweite Prager Fenstersturz' beschlossen.

Das **Palais-Liechtenstein** (Lichtenštejnský palác) mit seiner klassizistisch strengen Fassade nimmt den gesamten Westen des Platzes ein. Es ist das größte Gebäude am Kleinseitner Ring. Seinen Namen trägt es, weil 1620-1627 Karl von Liechtenstein dort lebte. Er war Statthalter des Kaisers und galt als gnadenloser Verfolger von Protestanten, an deren Vermögen er sich durch das Beschlagnahmen von Grundstücken bereicherte. In den Bau des Palais wurden fünf bereits bestehende Häuser mit einbezogen.

Vor dem Liechtenstein-Palais steht eine barocke **Pestsäule**. Es handelt sich um einen etwa zwanzig Meter hohen Obelisk, der in einem Brunnen steht und von Putten und Schutzheiligen umgeben ist. Die 'Dreifaltigkeitssäule', wie sie auch genannt wird, wurde zum Gedenken an die Pest von 1715 nach einem Entwurf von Giovanni Batista Alliprandi errichtet.

St. Niklaskirche am Kleinseitner Ring

In Prag gibt es zwei Barockkirchen, die dem Heiligen Niklas geweiht sind – die am Altstädter Ring haben Sie bereits kennengelernt. Baumeister beider Kirchen sind Vater und Sohn Dientzenhofer.

St. Niklas am Kleinseitner Ring wurde in den Jahren 1703 bis 1711 an Stelle einer viel kleineren gotischen Kirche errichtet. Christoph Dientzenhofer baute das neue Kirchenschiff und die Westfassade. Sein Sohn Kilian Ignaz Dientzenhofer fügte 1737 bis 1752 Chor und die siebzig Meter hohen Kuppel an. Der Glockenturm wurde 1756 unter Anselmo Lurago errichtet.

Der aus Wien stammende Johann Lucas Kracker schuf das Deckenfresko 'Apotheose des hl. Nikolaus', das mit einer Fläche von 1500 Quadratmetern zu den größten Europas gehört. Auch andere namhafte Maler, wie Karel Škréta und František Xaver Palko, waren an der Innenausstattung beteiligt. Die Statuen unter der Kuppel und auf dem Hauptaltar schuf der kaiserliche Hofbildhauer Ignaz Franz Platzer.

Die Orgel stammt aus dem 18. Jahrhundert. Als sich Wolfgang Amadeus Mozart in den Jahren 1745 und 1746 in Prag aufhielt, spielte er häufig daran! Auch heute ist die Kirche dank ihrer guten Akustik wieder eine vielbesuchte Konzertstätte.

So gehen Sie weiter: Auf der berühmten *Nerudova* (Nerudagasse) Richtung Burg. Sie liegt auf der anderen Seite des Kleinseitner Rings und führt den Berg hinauf.

Die Nerudova

Vom Kleinseitner Ring führt die *Nerudagasse* (Neru-dova) bis zur Prager Burg hinauf. Sie gehört zum historischen Königsweg und zählt mit ihren Barockpalais zu den schönsten Straßen der Stadt. Es ist sicher nicht einfach, hinter all den Wechselstuben, Souvenirläden und Kneipen das zu erkennen, was vor den großen Touristenströmen den Charme dieses Viertels ausmachte. Doch es lohnt, sich die Zeit zu nehmen, die historischen Hauswappen über reich verzierten Türen mit ihren teils imposanten riesigen Schlössern zu bestaunen oder wenn möglich einen Blick in die kleinen und stillen Gärten hinter den schiefen Mauern zu werfen.

Bis 1711 musste, wer diese Straße ging, das heute nicht mehr bestehende *Strahov-Tor* mit Zinnen und Zugbrücke passieren. Es gehörte zum Festungssystem, das die Kleinseite vom Stadtteil *Hradschin* trennte.

Einst wurde der untere Teil der Straße, in dem Schmiede Sporen fertigten, *Sparrengasse* genannt, der obere Teil hieß *Dlaždění*. Als der berühmte Prager Schriftsteller Jan Neruda, der hier in den Jahren 1845-57 im *Haus zu den zwei Sonnen* lebte, gestorben war, benannte man die Straße nach ihm. In seinem auch heute noch gern gelesenen Buch 'Kleinseitner

Geschichten' schildert er mal auf rührende, mal auf amüsante Weise das Leben in diesem Viertel von Prag.

Nerudagasse mit 'Haus zu den zwei Sonnen'

Man erkennt das *Haus zu den zwei Sonnen* an seiner auffälligen Fassade. Es liegt ziemlich am Ende der Gasse links, ist gelb mit weißen Stuckelementen und hat zwei Giebel. Zwischen den beiden linken oberen Fenstern ist eine große Gedenktafel aus Metall angebracht, über der Tür das Hauszeichen mit den beiden Sonnen.

Von hier sind es nur noch ein paar Schritte bis zum Ende der Straße. Dort rechts auf die *Ke Hradu* abbiegen

(Siehe Wegweiser) - so kommen Sie zum *Hradschiner Platz*.

Der Hradschin - das Tor zur Burg

Dieser Stadtteil wurde vermutlich 1320 vom Burggrafen Hynek Berka von Dubá gegründet. Ursprünglich bestand die kleine Ansiedlung nur aus dem *Hradschiner Platz* (Hradčanské náměstí) und den Häusern, die ihn umgaben. Nach einem verheerenden Brand 1541 erlebte der *Hradschin* eine völlige Umgestaltung. Neben dem Erzbischof und Domherren errichteten auch namhafte Adelsfamilien wie die Salms, Schwarzenbergs, Czernins und Lobkowicz' in diesem Stadtteil ihre Paläste. Unter Rudolf II. wurde der *Hradschin* 1598 zur königlichen Stadt erhoben, unter Karl VI. erweitert, in den Mauerring der Kleinseite mit einbezogen und im 18. Jahrhundert endlich mit der Stadt Prag vereinigt.

Abstecher zum Loreto-Komplex

So gehen Sie weiter: Rechts liegt der Eingang zur Burg, vor Ihnen (großes weißes Gebäude) ist das *Erzbischöfliche Palais*. Biegen Sie hier links ab und gehen Sie links an der Grünfläche vorbei immer geradeaus. Sie überqueren einen kleinen, schmalen Platz und kommen zu einer anderen Grünfläche, dem *Loretoplatz* (Loretánské náměstí).

Er entstand Anfang des 18. Jahrhunderts. Die Adelsfamilie Czernin (Černín) kaufte die Häuser um den Platz auf, ließ sie abreißen und den Platz neugestalten. Das *Palais Czernin* mit seiner 150 m langen Front ist heute Sitz des tschechischen Außenministeriums. Das gelbe Gebäude am Ende des Platzes ist ein Kapuzinerkloster. Gegenüber des Außenministeriums befindet sich das *Prager Loreto*. Es wurde von der Begina Katharina von Lobkowicz gestiftet.

Der Sieg der Habsburger bei der Schlacht am Weißen Berg (1621) brachte eine umfassende Rekatholisierung mit sich. Das führte dazu, dass in ganz Böhmen Loreto-Wallfahrtsstätten gegründet wurden. Darunter auch die Prager Loretokapelle, bei der es sich um eine Nachbildung der Casa Santa der italienischen Gemeinde Loreto in der Provinz Ancona handelt. Die Legende besagt, dass der Erzengel Gabriel in diesem fensterlosen, reich verzierten Gebäude der Jungfrau Maria erschienen war, um ihr die Geburt des Gottessohnes zu verkünden. Im 13. Jahrhundert wurde es dann von einem Engel aus Palästina an seine heutige Stelle in Loreto in Ancona gebracht.

Fast 125 Jahre dauerte der Bau des Prager Loreto-Heiligtums. Die barocke Front wurde nach Entwürfen von Christoph und Kilian Ignatz Dientzenhofer errichtet. Die Casa Santa selbst wurde 1631 vom italienischen Baumeister Giovanni Batista Orsi vollendet. Aus dem 18. Jahrhundert stammen die beiden Brunnen im Hof. Sie wurden von J. M. Brüderle, einem Prager Bildhauer, geschaffen.

Auch das Glockenspiel, das aus 30 Glocken besteht, die 1694 in Amsterdam gegossen wurden, ist ein Publikumsmagnet. Es spielt stündlich das Marienlied 'Gegrüsst seist du tausendmal, oh Maria'. Das Spielwerk, das dieses Lied ertönen lässt, stammt aus der Werkstatt von Peter Neumann, einem Prager Uhrmacher.

Die Schatzkammer mit ihren großartigen Gemälden und Juwelen hat große Schätze zu bieten. Hervorzuheben ist die sogenannte 'Prager Sonne', eine weltberühmte Monstranz, die 1699 in Wien gefertigt wurde. Sie besteht aus vergoldetem Silber, ist 89,5 cm hoch, 70 cm breit, wiegt 12 kg und ist mit 6222 Diamanten verziert.

Zur Burg gehen Sie denselben Weg zurück. Sie kommen am

Schwarzenberg Palais

vorbei (es liegt rechts). Der dreiflügelige Renaissance-Palast wurde nach dem Brand von 1541 für die böhmische Adelsfamilie Lobkowitz errichtet und ist darum auch unter dem Namen Palais Lobkowitz bekannt. Die Fassade ist mit schwarzen Sgraffitos bemalt, die Treppengiebel sind von Figuren besetzt.

Das Palais wechselte mehrmals den Besitzer und kam schließlich durch Heirat an die Familie Schwarzenberg, die 1811 auch das benachbarte *Palais Salm* erwarb. Seit der kommunistischen Machtergreifung befindet sich das Anwesen in staatlicher Verwaltung. Nachdem es viele Jahre als militärhistorisches Museum genutzt wurde, ist es heute an die Nationalgalerie Prag angeschlossen und zeigt Werke der Renaissance sowie barocke Kunst aus Böhmen. Außerdem sind Deckenmalereien aus der Zeit um 1580 zu bewundern.

Gehen Sie von hier in selber Richtung weiter direkt auf den Haupteingang zur Burg zu. Links davon sehen Sie

Das Erzbischöfliche Palais

Es ist seit dem 16. Jahrhundert Residenz der Prager Erzbischöfe. Der ursprüngliche Renaissancebau wurde immer wieder dem Zeitgeschmack gemäß umgebaut. Zuletzt unter Johann Joseph Wirch - er gestaltete die heutige Rokokofassade. Seit diesem Eingriff blieb der Bau nahezu unverändert.

Auch die Innenausschmückung des Gebäudes ist seit dem 18. Jahrhundert nicht mehr einschneidend verändert worden. Zu sehen sind Holzschnitzereien und Rokoko-Stuck, wertvolle Möbel, Leuchter, kostbares Glas und Porzellan. Besonders sehenswert sind neben der Kapelle die Galerie, die Salons, der Thronsaal und der Speisesaal.

Der Film 'Amadeus' von Miloš Forman spielt teilweise in diesem Palast.

Besichtigung der Burg - Infos

Das Burgareal ist bereits ab sechs Uhr morgens und bis 23 Uhr abends, im Sommer sogar bis Mitternacht geöffnet. Die meisten Sehenswürdigkeiten innerhalb der Burg sind von April bis einschließlich Oktober täglich ab 9 Uhr bis 17 Uhr geöffnet, von November bis März nur bis 16 Uhr.

Die drei Burghöfe sind eintrittsfrei zu besichtigen, für Dom, Königspalast, Basilika und das Goldene Gässchen muss man Eintritt bezahlen. Am besten man holt sich im zweiten Burghof bei der Touristeninfo ein Rundgangticket. Fotografieren ohne Blitz ist fast überall erlaubt – nur für den *Alten Königspalast* mit *Altem Landtag* braucht man ein Fototicket, das man zusammen mit der Eintrittskarte kaufen kann.

Die Tickets sind zwei Tage gültig. Vergünstigungen erhält man mit der Prag Card.

Der kleine Rundgang beinhaltet: Veitsdom, Alter Königspalast, St.-Georgs-Basilika, Goldenes Gässchen mit Daliborka-Turm, Ausstellung über die Geschichte der Prager Burg, Gemäldegalerie der Prager Burg, Pulverturm, Palais Rosenberg, Großer Südturm des Veitsdoms und kostet etwa 10 Euro.

Der große Rundgang beinhaltet: Veitsdom, Alter Königspalast, Dauerausstellung über die Geschichte der Prager Burg, St.-Georgs-Basilika, Kloster St. Georg, Nationalgalerie, Goldenes Gässchen mit Daliborka-Turm, Gemäldegalerie der Prager Burg, Pulverturm, Palais Rosenberg.

Falls Sie nach Ihrem Rundgang noch Zeit haben, können Sie sich in den Gartenanlagen rund um die Burg erholen. Im Sommer empfiehlt sich das allemal.

Die Gärten der Burg sowie der Wildgraben und die Terrasse der Reitschule sind von November bis April ganz geschlossen. Von April bis Oktober sind sie je nachdem von 9 bis 19 bzw. Uhr bzw. von 10 Uhr 21 geöffnet.

So gehen Sie weiter, falls Sie die Burg nicht besichtigen wollen: Durch die Palastgärten auf der Südseite der Burg gelangt man über die *Alte Schlossstiege* zur Metrostation *Malostranská* (siehe oben).

Will man zum Kleinseitner Ring, geht man auf dem kürzesten Weg über die Schlossstiege ‚Zámecké schody'.

Die Burg - Geschichtliches

Sie ist mit einer Ausdehnung von sieben Hektar die größte Burganlage der Welt. Seit sie im 9. Jahrhundert von Prinz Bořivoj aus dem Geschlecht der Premysliden gegründet wurde, ist sie nicht nur stetig gewachsen, sondern hat auch ihr Aussehen immer wieder verändert. Generationen von Baumeistern hinterließen ihre Spuren, und so finden sich auf der Prager Burg viele bedeutende Baustilelemente vereint.

Im Jahr 1303 zerstörte ein Brand die Burg in weiten Teilen, wonach sie viele Jahre unbewohnt blieb. Erst Kaiser Karl IV. (1346 – 1378) ließ sie wieder aufbauen, die

Verteidigungsanlagen erweitern und mit dem Bau des *St. Veitdoms* beginnen.

Doch lange hielt das Interesse an der Burg nicht an. Bereits 1383 bezog sein Sohn Wenzel IV. ein Schloss, das er sich am Rande der Altstadt bauen ließ und das den böhmischen Königen bis 1484 als Residenz diente. Wieder einmal lag die Burg verlassen und verfiel zusehends.

Die Luxemburger starben aus, ein neues Königsgeschlecht hielt Einzug in Böhmen – die Jagiellonen. Unter Vladislav I. verlegte der Hof sein Domizil auf die Burg zurück, wodurch sie eine neue Blütezeit erlebte, die bis 1526 andauerte. Der Königspalast erhielt den *Vladislaver Thronsaal*, der im Renaissancestil erbaut wurde. Neue Verteidigungsanlagen und Schutztürme wurden errichtet, darunter ein Pulverturm, der *Neue Weiße Turm* und der *Daliborka-Turm* am Ende des *Goldenen Gässchens*, der als Gefängnis diente. Er trägt den Namen des Ritter Dalibor von Kozojedy, Anführer eines Bauernaufstands, der einer Legende nach einen traurigen Ruhm errang. Er soll im Turm bis zu seiner Hinrichtung so schön auf seiner Geige gespielt haben, dass täglich Menschen vorbeikamen, um zuzuhören und ihn mit Essen zu versorgen. Der böhmische Komponist Bedřich Smetana, vor allem durch sein Werk 'Die Moldau' bekannt, nutzte diese Legende vier Jahrhunderte später als Stoff für eine Oper.

Nach den Jagiellos übernahmen die Habsburger Böhmen und stellten bis zum Zusammenbruch der Monarchie die Könige. Doch das Unglück riss nicht ab, wieder einmal fielen große Teile der Burg einem Brand zum Opfer - man schrieb das Jahr 1541.

Unter Kaiser Rudolf II., ab 1575 tschechischer König, erstrahlte die Burg noch einmal im neuen Glanz. Während seiner Amtszeit war sie zum letzten Mal Kaiserresidenz. Er war zwar passionierter Sammler, aber kein leidenschaftlicher Bauherr, und so ließ er lediglich den nördlichen Flügel des Palastes und den *Spanischen Saal* errichten.

Das Aufblühen nahm mit dem 2. Prager Fenstersturz von 1618 jedoch ein jähes Ende. Dieses Ereignis leitete den Dreißigjährigen Krieg ein, in dessen Verlaufe die Burg schwer beschädigt und geplündert wurde.

Im 18. und 19. Jahrhundert diente die Burg nur noch dem Amusement und als Alterssitz. Entsprechend die neuen Umbauten. Der Königsgarten wurde angelegt, das Belvedere und das Ballhaus geschaffen, dem Zeitgeist des Adels gemäß Wohngebäude im Landhausstil errichtet. Doch weil der Regierungssitz wieder in Wien war, verfiel die Burg trotz dieser Neuerungen weiter, bis 1848 Kaiser Ferdinand V. seinen Alterssitz auf ihr einrichtete. Unter ihm wurde die *Kapelle des Heiligen Kreuzes* auf dem Zweiten Schlosshof wieder aufgebaut, der *Spanische Saal* und die *Rudolf-Galerie* erhielten ein neues Gesicht.

Mit dem Fall des Königreichs Österreich-Ungarn im Jahre 1918 wurde die Prager Burg zum Sitz des Präsidenten der Tschechoslowakischen Republik. Weitere Umbauten und Modernisierungen standen an, und die Fertigstellung des *St. Veits-Doms* wurde endlich in Angriff genommen. Dabei kam es zu ersten archäologischen Untersuchungen des Burgareals, die bis in unsere Zeit andauern und immer wieder neue Aufschlüsse geben.

1989 wurden zum ersten Mal in ihrer Geschichte Teile der Burg der Öffentlichkeit zugänglich gemacht. Heute ist sie nicht nur Sitz des tschechischen Präsidenten, sondern auch eines der meistbesuchten Kulturmonumente Tschechiens. Historische Dokumente und Kunstgegenstände von unbezahlbarem Wert werden auf der Burg aufbewahrt, darunter auch die tschechischen Kronjuwelen. Sie befinden sich in der Kronjuwelenkammer im St.-Veits-Dom, die von einer Tür mit sechs Schlössern gesichert ist. Ein siebter Schlüssel wird benötigt, um den Safe hinter dieser Tür zu öffnen. Die sieben Schlüssel werden von sieben hohen Amtsträgern verwahrt - dem Präsidenten, dem Premierminister, dem Erzbischof von Prag, dem Parlamentsvorsitzenden der Abgeordnetenkammer, dem Senatsvorsitzenden, dem Dekan des Veitsdoms und dem Bürgermeister von Prag. Ausgestellt werden die Kronjuwelen nur zu besonderen Anlässen.

Die Burghöfe

Vom *Hradschin-Platz* aus betritt man das Burgareal durch ein teilweise vergoldetes schmiedeeisernes Tor und befindet sich im Ehrenhof. Hier findet jeden Tag um Punkt 12 Uhr die zeremonielle Wachablösung statt - ein imposantes Schauspiel, begleitet von Pauken und Trompeten, Gestampfe und laut gerufenen Kommandos. Wer es zeitlich nicht einrichten kann, der großen Wachablösung beizuwohnen, findet vielleicht die Möglichkeit, den stündlichen Wachwechsel an einem der drei Burgtore zu verfolgen, der allerdings nicht mit so viel Tamtam verläuft.

Der Ehrenhof stammt aus dem 18. Jahrhundert und ist der jüngste der drei Burghöfe.

Die Statuen ringender Giganten auf den Sockeln rechts und links des Schmiedeeisernen Tores sind Kopien. Die Originale wurden vom Hofbildhauer Ignaz Franz Platzer um 1768 geschaffen und befinden sich im Nationalmuseum.

Blick zur Burg mit Karlsbrücke (links)

St.-Veits-Dom von außen betrachtet

Man durchquert den zweiten Burghof, gelangt in den dritten und steht direkt vor der Westfassade der Basilika mit ihren beiden Türmen und der großen Rosette über dem Portal, die von František Kysela gestaltet wurde.

Der Bau des Domes zog sich mehr als 600 Jahre hin. Begonnen wurde im 14. Jahrhundert unter Baumeister Matthias von Arras. Dieser erste Bauabschnitt reicht etwa bis zur Mitte des Doms. In den Jahren zwischen 1356 und 1399 entstand der Abschnitt ab Höhe der alten Sakristei bis auf Höhe *Hl. Kreuz Kapelle*. Alles Weitere entstand in Perioden zwischen Ende des 18. Jahrhunderts und der ersten Hälfte des 20. Jahrhunderts.

Der Uhrturm

(Südfassade) mit einer Höhe von 96,5 Metern weist drei Stilrichtungen auf. Begonnen wurde er, wie die Kathedrale auch, im gotischen Stil. Der obere Teil wurde im Renaissancestil aufgesetzt und schließlich wurde der Turm mit einer Barockkuppel abgeschlossen. Er darf bestiegen werden, dazu muss man allerdings 297 Stufen einer engen, steilen Wendeltreppe überwinden. Oben angekommen, kann man die größte Kirchenglocke Osteuropas bestaunen und wird mit einem herrlichen Ausblick auf die Stadt belohnt.

Durch das *Goldene Portal* (Zlatá brána), rechts neben dem Uhrturm, betrat der Adel an Krönungstagen die Kirche. Das venezianische Glasmosaik darüber stammt aus dem 14. Jahrhundert und stellt das Jüngste Gericht dar.

Der St. Veits-Dom von innen betrachtet

Nicht nur von außen ist die 124 Meter lange und 60 Meter breite Kathedrale imposant, auch die Innenausstattung ist prächtig und unbedingt sehenswert. Der Altarraum ist eines der Highlights des Veitsdoms. Erbaut wurde er von Peter Parler. Das einzigartige Netzgewölbe mit den Strebebögen ist besonders beeindruckend. In der Mitte des Altarraums befindet sich das königliche Mausoleum der Habsburger. Es wurde vom flämischen Bildhauer Alexander Colyn geplant und zwischen 1571 und 1589 fertiggestellt.

In der Königlichen Krypta, die sich im Untergeschoss des Domes befindet, wurden unter anderem König Karl IV., Wenzel I. und Rudolph II. bestattet. Ihre Leichname wurden in den 1930-ern in den Dom verbracht und in neue Sarkophage gebettet. Auch Reste einer Rundkirche, im 10. Jahrhundert von Wenzel I. gestiftet, sind hier zu sehen.

Unter den vielen Kapellen im Dom sticht die *Wenzelskapelle* mit ihrem vergoldeten Stuck hervor. Sie wurde 1345 errichtet und entsprechend ihres Entstehungsjahres mit 1345 Halbedelsteinen verziert. Die Fresken in der Kapelle erzählen vom Leben des Heiligen.

Wenzel I. wurde 921 Fürst von Böhmen. Sein Bruder Boleslav, mit dem Beinamen der Grausame, ließ ihn anno 935 ermorden, um seinen Platz einzunehmen. Boleslav war Heide, Wenzel (von seiner Großmutter, der später heiliggesprochenen Ludmilla, erzogen) Christ. So galten die Brüder nicht nur politisch als Widersacher, sondern auch in Glaubensdingen, und es blieb nicht aus, dass Wenzel schon bald als Märtyrer und Heiliger verehrt wurde.

Für das silberne Hochgrab des *Heiligen Johannes von Nepomuk* - Sie erinnern sich, man stieß ihn von der Karlsbrücke ins Wasser - wurden bis zu zwei Tonnen des Edelmetalls verarbeitet. Es wurde vom österreichischen Architekten Joseph Emanuel Fischer von Erlach nach einem Modell des Bildhauers Antonio Corradini geplant und 1736 vom Silberschmied Johann Joseph Würth fertiggestellt.

Neben den sterblichen Überresten des Hl. Nepomuk wird auch eine unglaubliche Menge an Reliquien im Dom aufbewahrt: Das Haupt des Heiligen Veit, die Hunde des Heiligen Adalbert, die Hunde des Heiligen Wenzel, der der Schutzpatron der Tschechischen Republik ist, das Schwert des Heiligen Stefan, ein Zahn der Heiligen Margarete, ein Teil des Schienbeins des Heiligen Vitale, eine Rippe der Heiligen Sophie, die Kinnlade des Heiligen Eoban, ein Splitter aus dem Kreuz Jesu, das Tischtuch des Heiligen Abendmahls, ein Kleid der Jungfrau Maria sowie der Stab des Mose.

Beeindruckend ist neben den unzähligen Kunstgegenständen, die den Dom ausschmücken, auch das Lichtspiel, das durch einundzwanzig bunte Glasfenster aus verschiedenen Zeitepochen (u.a. von Alfons Mucha und Max Švabinský) in das Innere der Kathedrale fällt. Das Fenster an der Eingangsseite zeigt die Entstehung der Welt.

Sonntagvormittags bis 12 Uhr ist der Dom für Touristen geschlossen. Zur Hauptsaison ist mit längeren Wartezeiten am Eingang zum Dom zu rechnen!

Der Alte Königspalast

Gegenüber des Doms, direkt über den Wallgärten gelegen, befindet sich der Alte Königspalast. Er diente vom 11. bis zum 16. Jahrhundert als Sitz der böhmischen Herrscher und wurde danach mehr als 200 Jahre von der obersten Landesbehörde für Versammlungen genutzt. Wie auch die übrigen Bauten der Burg wurde der Palast im Laufe der Zeit mehrmals um- und ausgebaut. Der Palasthof stammt aus der Zeit Ottokars II.

Darüber liegt der *Vladislav-Saal*. Er wurde in den Jahren 1493 bis 1502 unter König *Vladislav I. Jagiello* errichtet und ist die größte Attraktion des Königspalastes. Architekt dieses außergewöhnlichen Saals, der trotz seiner riesigen Ausmaße von 63 Metern Länge, 16 Metern Breite und 13 Metern Höhe ganz ohne Pfeiler auskommt, war Benedikt Ried. Im Mittelalter war Rieds Konstruktion noch eine technische Meisterleistung! Doch nicht nur durch seine Größe beeindruckt der Saal, auch durch die kunstvoll verschlungenen Rippengewölbe.

Im *Vladislav Saal* wurden politische Beschlüsse gefasst, aber auch Bankette und Krönungsfeste abgehalten. Der Saal diente als Markthalle für Luxusgüter, und selbst Ritterturniere wurden in ihm abgehalten. Ross und Reiter konnten über eine sehr flach gehaltene breite Treppe, eine sogenannte Reitertreppe, in den Saal gelangen. Die Prager Reitertreppe, um 1500 erbaut, ist eine der ältesten überhaupt.

Im ersten Obergeschoss befinden sich weitere Säle und der *Alte Südturm*.

Tipp: Von der Aussichtsterrasse des Königspalastes hat man einen wunderschönen Blick über die Kleinseite.

An den *Vladislav Saal* schließt die *Allerheiligen-Kapelle* an. Der ursprüngliche Bau aus dem 14. Jahrhundert fiel bei dem großen Brand von 1541 den Flammen zum Opfer und wurde danach im Renaissancestil wieder aufgebaut. Der barocke Altar zeigt einen Bilderzyklus von Christian Dittmann, der die Legende vom *Heiligen Prokop* erzählt, dessen Reliquien in der Kirche verwahrt sind.

Der Alte Landtag wird auch Böhmische Kanzlei oder Landrechtsstube genannt. Er war Thronsaal und Sitzungsraum des Obersten Landesgerichtes und des Landtages. Auf dem Stuhl neben dem Königsthron nahm der Bischof Platz. Dieser kleine Saal ging in die Geschichte ein, denn er wurde am 23. Mai 1618 zum Schauplatz des *Zweiten Prager Fenstersturzes*.

Lange schon brodelte es zwischen den rivalisierenden protestantischen und katholischen Ständen. Schließlich besetzten die Protestanten die verwaiste Burg und warfen die habsburgisch-katholischen Statthalter Martinitz, Slawata und Fabricius 'nach alttschechischem Brauch' aus dem Fenster in den mehr als sechzehn Meter tiefen Burggraben. Alle drei überlebten den Sturz, vermutlich weil die Mauer unter dem Fenster schräg ist und sie deshalb mehr rutschten als fielen und der Aufprall durch ihre schweren Wintermäntel abgemildert wurde. Die siebenundzwanzig Anführer der protestantischen Fraktion erhielten jedoch einige Zeit später ihr Todesurteil.

Der Streit eskalierte endgültig, als man nach dem Tode des Kaisers nicht Ferdinand II. zum König von Böhmen erhob, sondern Kurfürst Friedrich von der Pfalz, den calvinistischen Anführer der Protestantischen Union. Der Dreißigjährige Krieg nahm seinen Anfang.

Die St. Georg Basilika

befindet sich im östlichen Teil der Burg beim St.-Veits-Dom. 921 gegründet, ist sie die älteste und am besten erhaltene romanische Kirche Prags und die drittälteste Kirche in Böhmen überhaupt. Sie gehörte ursprünglich zu einem Benediktinerinnenkloster - dem ersten Frauenkloster in Böhmen. Ihr heutiges Aussehen erhielt die Basilika vor allem im 12. Jahrhundert.

Im Kirchenschiff befinden sich Gräber einiger Mitglieder der Familie der damals herrschenden Dynastie der Premysliden, denn bevor der *St.-Veits-Dom* erbaut wurde, diente die Basilika als Königliche Begräbnisstätte. Hier liegen unter anderem die Heilige Ludmilla, Großmutter des Heiligen Wenzel, sowie sein Vater Fürst Vratislav.

Zu den Schätzen, die die *Georgs-Basilika* zu bieten hat, zählt eine ungewöhnliche Statue der Heiligen Brigitte - an den Eingeweiden ihres verwesenden Körpers halten sich Schlangen und Eidechsen gütlich.

Viele der Äbtissinnen des *St. Georg-Klosters* entstammten dem Geschlecht der Premysliden. Doch sie waren nicht nur von hoher Abstammung, sondern auch gebildet und genossen den Schutz des Kaisers, der die Rechte der Äbtissin in der Goldenen Bulle verankerte. In ihrem Kloster entstanden Abschriften und Übersetzungen heiliger Texte, sowie Messgewänder für den Papst. Zudem oblag der jeweiligen Fürstäbtissin das Recht, die böhmische Königin während der Krönung zu begleiten.

Nachdem das Kloster in den Hussitenkriegen schwer beschädigt worden war, bestand es noch bis 1782 fort. Doch am 7. März dieses Jahres erging ein kaiserliches Dekret zu seiner Aufhebung. Das Militär übernahm die Gebäude, sie wurden zur Kaserne umfunktioniert.

In der zweiten Hälfte des 20. Jahrhunderts erinnerte man sich an die Geschichte des Klosters und begann, die Gebäude zu rekonstruieren. Heute befindet sich eine Sammlung der Nationalgalerie im Kloster.

Ausgestellt werden Werke bedeutender böhmischer Künstler des 14. bis 18. Jahrhunderts.

Das Goldene Gässchen (Zlatá ulička),

wird auch Goldmachergässchen genannt. Es stammt aus der zweiten Hälfte des 16. Jahrhunderts. Die Häuschen sind schmal und niedrig, haben keine Toilette oder Küche und sind erst seit 1952 mit bunten Farben gestrichen. Sie wurden als Unterkünfte für die Wachen zwischen zwei Burgtürme gebaut, die als Gefängnis genutzt wurden. Der Gang über den Häusern diente hauptsächlich zur Verlegung Gefangener.

Das Goldene Gässchen

Später zogen in einige der Häuser Goldschmiede ein. Dass, wie hin und wieder behauptet wird, die Alchemisten Rudolfs II. hier lebten, gehört ins Reich der Legenden.

Im 18. und 19. Jahrhundert dienten die Häuschen als Wohnungen für Arme. Auch viele Schriftsteller und Künstler lebten hier. Im Haus Nr. 22 schrieb in den Jahren 1916 und 1917 Franz Kafka einige seiner Werke.

Heute kann man im Goldenen Gässchen zu überhöhten Preisen Souvenirs kaufen, die Wohnung eines Burgschützen von Kaiser Rudolf II., eine mittelalterliche Schenke, eine Goldschmiedewerkstatt, den Arbeitsplatz der bekannten Hellseherin Madame de Thebes und eine alchemistische Werkstatt besuchen.

Achtung: Wer sich auf der Burg an einem Bier erfrischen oder etwas essen möchte, muss tief in die Tasche greifen. Es sind keine Preislisten ausgehängt – das bittere Erwachen kommt dann mit der Rechnung.

So gehen Sie zurück zum Hauptbahnhof: Wenn Ihnen der Fußweg von etwa drei Kilometern zu weit ist, gehen Sie durch die Burganlage und verlassen Sie die Burg auf der Ostseite. Halten sie sich dort an der Gabelung rechts und gehen Sie über die *Alte Schlossstiege*. Vor der *Pod Bruskou* (das ist die große Hauptstraße am Ende der Stiege) rechts in die Grünanlage zur *Metrostation Malostranská*. Nehmen Sie die Metro A und fahren Sie bis Station Museum A. Sie können hier in die Metro C umsteigen und bis zur Station Hlavní nádraží (Hauptbahnhof) fahren oder die 500 Meter bis zum Hauptbahnhof zu Fuß gehen.

Falls Sie ein Taxi nehmen wollen, lesen Sie dazu unbedingt den Artikel 'Öffentliche Verkehrsmittel' weiter unten.

Tipps für einen zweiten Tag in Prag

Wer das Glück hat, noch ein wenig länger in Prag bleiben zu können, wird sich nicht langweilen. Es gibt einige außergewöhnliche Museen zu besichtigen. Sehr schön ist auch der Jüdische Friedhof im alten Jüdischen Viertel, angelegt im 15. Jahrhundert. Oder wie wäre es mit einer Shoppingtour auf dem Wenzelsplatz?

Der Wenzelsplatz

ist der Paradeplatz von Prag und zählt mit einer Breite von etwa 60 Metern und einer Länge von rund 750 Metern zu den größten Plätzen Europas. Im Zentrum der Prager Neustadt gelegen, wurde er im Mittelalter und der Neuzeit als Rossmarkt genutzt und hieß auch so. Erst 1848 wurde er nach dem Heiligen Wenzel umbenannt.

Im 19. Jahrhundert ließ die Stadtverwaltung die beiden Stadtmauern rechts und links des Platzes schleifen und die Stadtgräben zuschütten. Linden wurden gepflanzt, der Markt wurde zum Boulevard umgestaltet. Dort wo bis 1875 noch das *St.-Prokops-Tor* stand, wurde in den Jahren 1885 bis1890 ein neues Gebäude für das Nationalmuseum im Neorenaissancestil errichtet, das heute den oberen Abschluss des Platzes bildet. In den

Folgejahren entstanden die Geschäfts- und Privathäuser, die den Platz säumen, und so erhielt er in groben Zügen sein jetziges Gesicht.

Das Denkmal des Heiligen Wenzels entstand 1912. Die Figuren schuf der tschechische Künstler Josef V. Myslbek, der ornamentale Schmuck des Denkmals stammt von C. Kloucek, die architektonische Gestaltung von Alois Dryák. Zu Füßen des Heiligen Wenzels sieht man die vier Schutzheiligen Ludmilla, Prokop, Anežka und Vojtěch.

Am 16. Januar 1969 verbrannte sich der tschechoslowakische Student Jan Palach auf dem Wenzelsplatz, um gegen den Einmarsch der Truppen des Warschauer Pakts in die Tschechoslowakei (1968) und die daraus resultierenden politischen Folgen zu protestieren. Im Februar folgte Jan Zajíc an gleicher Stelle seinem Beispiel. Dort wo Palach, der brennend auf dem Platz umhergelaufen war, zusammenbrach, erinnert ein liegendes Kreuz an die Geschehnisse.

Zwanzig Jahre später, im November 1989, forderten Václav Havel und Alexander Dubček während einer Massenkundgebung am Wenzelsplatz vom Balkon des Hauses Nr. 56 die politische Umgestaltung des Landes.

Am Wenzelsplatz pulsiert das Leben. Hier findet man große Kaufhäuser, die alle handelsüblichen Marken führen, Cafés, Restaurants, Hotels, Bars, Kinos und Diskotheken. Wer vom Shoppen müde ist, setzt sich in eines der Straßencafés und beobachtet die vorbeiflanierenden Leute. Abends trifft man sich zum Essen oder zu einem Kinobesuch.

So kommen Sie hin: Der Wenzelsplatz ist nicht weit vom Bahnhof entfernt. Verlassen Sie ihn durch das neue Terminal, in dem sich auch die U-Bahn befindet. Vor Ihnen liegt ein Parkähnlicher Grünstreifen. Gehen Sie weiter geradeaus, um ihn zu durchqueren. Sie kommen zur *Opletalova*. Hier links abbiegen, und immer geradeaus.

Museen

Neben Museen, die man in jeder Großstadt finden kann, gibt es in Prag ein paar Besonderheiten.

Franz-Kafka-Museum

Kafka ist in Prag allgegenwärtig. Im kleinen Museum, das sich dem Leben des berühmten Prager Schriftstellers widmet, erfährt man anhand von Fotos, Schriften und Memorabilien alles Wissenswerte über sein Leben und Schaffen.

Adresse: Cihelná 2b (Kleinseite, am Moldauufer)
Öffnungszeiten täglich 10 bis 18 Uhr

Antonín Dvořák Museum

Dieses Museum ist dem Komponisten Antonín Dvořák gewidmet. Es ist montags geschlossen.

Adresse: Ke Karlovu 20, 120 00 Praha 2
Anfahrt: Metro C oder Straßenbahn 4, 6, 10, 11, 16, 22 zu I. P. Pavlova

Bedřich Smetana Museum

Das Museum, das sich dem Komponisten Bedřich Smetana widmet, befindet sich in der Nähe der Karlsbrücke.

Adresse: Novotného lávka 1, Prag 1
Anfahrt: Metro A oder Straßenbahn 17, 18 zu Staroměstská

Mucha Museum (Muchovo muzeum)

Das Mucha-Museum wurde dem Leben und Werk des tschechisch-französischen Jugendstilmalers Alfons Mucha gewidmet. Zu sehen sind über hundert Ausstellungsstücke, u.a. Gemälde, Photographien, Kohlezeichnungen, Pastelle, Lithografien und persönliche Erinnerungen.

Adresse: Kaunický Palác, Panská 7 (nicht weit vom Hauptbahnhof und der Jerusalemsynagoge)
Anfahrt: Metro A/B bis Můstek

Das Geistermuseum

Hier begegnen einem geheimnisvolle Mönche, taumelnde kopflose Gestalten und andere Figuren aus den bekanntesten Prager Sagen. Ein Golem in einem dunklen Dachbodenzimmer, eine Kupplerin mit abgeschlagener Zunge, ein Wassermann in einem Tümpel im Kellergeschoss, ein Ritter, der von der Frau seines Herzens verwunschen wurde und zu Eisen erstarrte ...

Am Eingang erhält man eine Broschüre (auch in deutscher Sprache) in der fünfundzwanzig Prager Legenden beschrieben sind.

Adresse: Mostecká 18 (Fußgängerzone, die von der Karlsbrücke zur Kleinseite führt.)

Feste und Veranstaltungen

März

Die **Matthäus-Kirmes** mit vielen attraktiven Fahrgeschäften ist bis weit über die Grenzen Tschechiens hinaus bekannt.

Adresse: Ausstellungsgelände Výstaviště

Metro: Nádraží Holešovice (C)

Febiofest - Die internationalen Filmtage finden Ende März statt.

Adresse: Růžová 951/13, 110 00 Prag / Telefon: +420 221 101 111

April

Auf den **Prager Ostermärkten**, die sich über die Altstadtgassen verteilen, werden in der Zeit vor Ostern kunsthandwerkliche Produkte und regionale Leckereien verkauft.

Mai/Juni

Während des klassischen Musikfestivals **Prager Früh-ling** gastieren von Mitte Mai bis Mitte Juni ausländische Spitzenmusiker auf den Bühnen der Stadt. Karten sind naturgemäß knapp und sollten frühzeitig besorgt werden!

Adresse: Hellichova 18, 118 00 Praha 1 Obecní dům / Tel.: +420 257 310 414 / Fax: +420 257 313 725 / E-mail: info@festival.cz
So kommen Sie hin: Mit der Metro B, aussteigen Station Náměstí Republiky

Khamoro - Immer Ende Mai findet das Internationale Roma-Musikfestival Khamoro statt. Es wurde 1999 auf Anregung zweier in Prag lebender Bürgerkriegsflücht-linge aus Bosnien gegründet. Neben zahlreichen Konzerten, bei denen weltweit bekannte Künstler traditionelle Roma-Musik spielen, werden auch Flamenco-Tanz-Workshops angeboten, zeitgenössische Kunst der Roma und Filme über ihre Kultur und Lebensweise gezeigt. Höhepunkt des Festivals ist eine traditionelle Musiker-Parade von Můstek zum Altstädter Ring.

Juli/August

Prager Folkloretage - Ende Juli kann man im Prager Stadtzentrum zwischen Wenzelsplatz und Platz der Republik Musik- und Tanzensembles aller Herren Länder in ihren traditionellen Trachten bewundern. Die Auftritte auf Außenbühnen im historischen Zentrum finden z.B. auf dem Altstädter Ring, auf dem Wenzelsplatz oder auf dem Platz der Republik statt. Der Höhepunkt des Festivals ist der Umzug der Ensembles durch die Straßen der Altstadt. Veranstalter ist: Millenium Agency (.praguefestival.cz).

Oktober/November

Prager Herbst - ein hochkarätig besetztes internationales Musikfestival, mit lokalen und internationalen Größen aus Klassik, Jazz und Worldmusic.
Adresse: REDUTA, Národní třída 20, 110 00 Praha 1 (.praguefestival.cz)

Dezember

Die Prager **Weihnachtsmärkte** finden von Ende November bis Anfang Januar auf dem Wenzelsplatz und auf dem Altstadtmarkt statt - mit Glühwein, Leckereien, Kunsthandwerk, Weihnachtsmusik und einem Streichelzoo für die Kleinen.

Gut zu wissen

Touristeninformation und Jugendherbergen

Das Prager Informationscenter wird kurz PIS genannt. Büros finden Sie u.a. am Hauptbahnhof in der Eingangshalle, am Altstädter Ring und am Flughafen.
Webseite: www.praguewelcome.cz
E-Mail: tourinfo@pis.cz

Die Adressen der Prager **Jugendherbergen** finden Sie unter www.iyhf.cz

Taschendiebe – eine Plage in Prag

Leider gibt es in Prag (wie in vielen Großstädten) noch immer Taschendiebe. Sie arbeiten in Gruppen, doch dass sie zusammengehören, erkennt man nicht. So oder so ähnlich geht das vonstatten: Eine Frau mit Kinderwagen hält Ihnen einen Stadtplan hin und bittet um Hilfe, und während man abgelenkt ist, wird man von einem Komplizen mit flinken Fingern ausgeraubt. Die Beute wird sofort weitergeben, sollte der Dieb tatsächlich mal gestellt werden, wird man nichts bei ihm finden. Solche Teams kesseln ihre Opfer geradezu ein, am liebsten an Orten, wo sich leicht Engpässe schaffen lassen. Deshalb ist Vorsicht geboten, vor allem in überfüllten Straßenbahnen, an U-Bahneingängen, bei Sehenswürdigkeiten.

Wichtig: Handtaschen fest verschließen, Geldbeutel nicht in der Hosentasche tragen. Wechseln Sie kein Kleingeld, wenn Sie darum gebeten werden – danach ist Ihre Geldbörse nämlich leer! Brustbeutel u.ä. sind nützliche Helfer, um vor größeren Verlusten zu schützen.

Klima

Es gibt keine Differenz zur Mitteleuropäischen Zeitverschiebung. Die beste Reisezeit ist von April bis Oktober. Das Klima wird sowohl von atlantischer als auch kontinentaler Seite beeinflusst und kann mit dem von Deutschland verglichen werden. Im Sommerhalbjahr regnet es am häufigsten, im Winterhalbjahr etwas mehr als bei uns.

Im Winter kann es schon mal sehr kalt werden, bis zu −17 °C, im Sommer steigt die Temperatur in sehr heißen Zeiten bis auf bis zu 37 °C.

Prag Card

Mit der Prag Card haben Sie freien Eintritt und freie Benutzung von Verkehrsmitteln. Bei unserem Rundgang lohnt sie sich nicht. Sollten Sie mehrere Tage bleiben, viele Innenbesichtigungen machen und Sightseeing-Touren buchen wollen, kann es interessant werden.

Prag für Rollstuhlfahrer und Sehbehinderte

Seit den 1980-er Jahren hat sich die Einstellung zu Menschen mit Handicap auch in Tschechien zum Positiven verändert. Immer mehr Rampen werden gebaut, um den Zugang zu Gebäuden zu erleichtern. Trotzdem ist die Stadt für behinderte Menschen nicht immer leicht zu erkunden, denn die engen und uneben gepflasterten Straßen der Altstadt machen zwar ihren Charme aus, aber auch das Vorankommen für Rollstuhlfahrer schwer. Zudem sind nur wenige Restaurants barrierefrei oder haben Behindertentoiletten.

Im *Prag-Atlas für Rollstuhlfahrer* mit dem Titel 'Accesibility Atlas for People with Impaired Mobility' (nur auf Englisch) finden Sie eine detaillierte Karte. Sie empfiehlt zudem vier Touren im historischen Zentrum. Die Zugänglichkeit der Sehenswürdigkeiten wird durch Piktogramme erläutert. Linien der behindertengeeigneten öffentlichen Verkehrsmittel, Behindertentoiletten und Stellplätze für Rollstuhlfahrer sind eingezeichnet.

Der Stadtplan für Rollstuhlfahrer ist unter anderem in den Büros der Touristeninformation (PIS) am Hauptbahnhof oder am Altstädterring 1 (Staroměstské náměstí 1) erhältlich. Die Texte sind in Englisch oder Tschechisch, die Zeichen auf den Karten (Legende) werden in acht Sprachen erklärt. Beim PIS-Büro am Altstädter Ring finden Sie zudem eine Behindertentoilette.

Für Sehbehinderte halten die beiden PIS-Büros auch Broschüren in Blindenschrift bereit. Weitere Informationen für Menschen mit Sehbehinderungen erhalten Sie beim Verband der Blinden- und Sehbehinderten unter www.braillnet.cz

Weitere nützliche Adressen und Links für behinderte Menschen

Die Organisation für Rollstuhlfahrer befindet sich in Praha 8, Karlinske nám. 12. / Tel: 224 816 997. Hier können Sie Rollstühle sowie Autos ausleihen, die für Menschen mit Behinderungen angepasst sind. Diese Organisation hilft auch dabei, vom Flughafen ins Stadtzentrum zu kommen.

Website des Behindertenverbandes - www.pov.cz (nur auf Tschechisch und Englisch).

Besichtigung der Burg im Rollstuhl: Abgesehen vom Wehrgang im Goldenen Gässchen und den Türmen (Daliborka-Turm, Weißer Turm, Pulverturm, Südturm des Doms) verfügen die Historischen Denkmäler und Ausstellungshallen auf der Burg über barrierefreie Zugänge.

Die Behindertentoiletten des Burg-Areals sind am Veitsdom.

Überall in Prag werden Trdelník angeboten, das sind süße Snacks
aus Teig, der um einen Stock gewickelt wird

Prag mit Hund

Zu Stoßzeiten sind so viele Leute in Prag unterwegs und
so viele Füße um das Tier herum, dass es leicht panisch
werden kann. Deshalb sollte man nach Prag nur leinen-
führige und stadterfahrene Hunde mitnehmen. Ein beliebter Ort zum Auslassen der Hunde ist die Insel
Kampa. Dort treffen sich die Vierbeiner zum Toben. Zu
den meisten Sehenswürdigkeiten haben Hunde keinen
Zutritt.

Kot muss weggeräumt werden, Kottütenspender gibt es nicht. Deshalb Kottüten nicht vergessen!

Achtung! Es gilt Leinenpflicht, und in öffentlichen Verkehrsmitteln muss der Hund einen Maulkorb tragen.

Unser Tipp: Besorgen Sie Ihrem Hund statt eines Maulkorbs ein sogenanntes Halti (im Handel auch *Master Control* genannt). Normalerweise wird dieses 'Kopfhalfter' als Lehrmittel für Hunde benutzt, die an der Leine ziehen. Man streift es über den Fang und schließt es im Nacken. Am Unterkiefer befindet sich ein Ring, dort hängt man das eine Ende der Leine ein, das andere Ende am Brustgeschirr oder Halsband. Sobald der Hund am Kopfhalfter zieht (oder Sie am Kopfhalter ziehen), verengt es sich um den Fang, und der Hund kann nicht beißen. Das Halti wird von Ordnungshütern gewöhnlich als Maulkorbersatz akzeptiert.

Begeistert wird Ihr Hund von dieser Maßnahme nicht sein, aber das Halti bedeutet für ihn eventuell weniger Stress als das Tragen eines Maulkorbs. Am besten, Sie üben zu Hause mit dem Halti oder einem Maulkorb (Leckerli reinlegen, erst nach vielen Versuchen schließen und gleich wieder öffnen), um ihn schon einmal daran zu gewöhnen.

Hunde (auch Katzen und Frettchen) müssen einen blauen EU-Heimtierpass mit gültiger Tollwutimpfung haben und gechipt sein. Die erste Impfung eines jungen Hundes muss mindestens 21 Tage zurückliegen.

Es dürfen pro Privatperson maximal fünf Heimtiere mitgenommen werden, die nicht für den Verkauf bestimmt sein dürfen. Für ganz junge Welpen gelten besondere Vorschriften, unter anderem benötigt der Halter hier eine Tierarztbestätigung, dass das Tier nicht mit wildlebenden Tieren in Kontakt gekommen ist.

Sightseeingtouren

Die **Bustour 'Hop on – hop off'** ist recht teuer, und man muss doch immer wieder aussteigen und zu den Sehenswürdigkeiten laufen – viele liegen ja in den Fußgängerzonen! Da wäre die Fahrt mit der Straßenbahn Nr. 22 eine kostengünstigere Alternative, aber auch sie erspart das Laufen nicht. Auch eine Tour mit dem Schiff ist möglich, um Prag von einer ganz anderen Seite kennenzulernen. Leider hört man öfter mal Beschwerden über zu kurze Fahrzeiten und andere Ärgernisse.

Oldtimer-Rundfahrten – in nachgebauten knallroten Oldtimern werden in der ganzen Stadt angeboten. Sie sind allerdings nicht gerade günstig. Bevor man einsteigt, sollte man bedenken, dass viele der Altstadtgassen und die Karlsbrücke für Autos gesperrt sind.

Prag mit dem Segway - Am Altstädter Ring und anderen Stellen in Prag werden Segwaytouren angeboten. Kosten zwischen 40 und 70 Euro. Sie beinhalten im Allgemeinen keine Innenbesichtigungen.

Die Nostalgische Straßenbahn mit der Nummer 91 (nostalgická linka č. 91) ist eine historische Straßenbahn, die von Ende März bis Mitte November an Wochenenden und Feiertagen verkehrt. Zwischen 12:00 und 18:00 Uhr fährt sie ab 'Vozovna Střešovice' stündlich durch die Innenstadt. Eine Fahrt kostet nicht viel ....

Durch Prag mit der Kutsche - Pferdekutschen findet man am Altstädter Markt. Erkundigen Sie sich bei Bedarf nicht nur nach den Sehenswürdigkeiten, die Sie während der Kutschfahrt gezeigt bekommen, sondern unbedingt auch nach dem Preis. Da Pferdehaltung heutzutage in Prag aufwendig und teuer ist, kann auch so eine Kutschfahrt nicht billig sein. Schauen Sie sich die Pferde an, ob sie gut genährt sind – falls nicht, wählen

Sie eine andere Kutsche oder verzichten Sie lieber auf die Fahrt.

Durch Prag auf dem Rad - Über ein öffentliches Fahr-radverleihsystem verfügt Prag nicht. Wenn Sie Prag mit dem Rad erkunden wollen, können Sie zum Beispiel bei *get your guide* ein Rad mit oder ohne Führer mieten.

Ausflug mit der Seilbahn - Man kann mit einer Radseil-bahn (Lánovka) von der Talstation Újezd auf den Petrín (Laurenziberg) fahren. Sie macht einen Zwischenstopp beim Restaurant Nebozízek. Die Seilbahn verkehrt tags-über alle 10 Minuten, abends nur alle 15 Minuten.

Autofahren und Parken für PKW und Camper

Die Verkehrsvorschriften entsprechen in groben Zügen denen der übrigen europäischen Länder. Eine wichtige Ausnahme: **Es gilt 0,0 Promille!**

Benutzer von Autobahnen und vierspurigen Schnell-straßen benötigen eine gültige Mautvignette, inzwi-schen nur noch als E-Vignette zu erhalten. Man be-kommt sie in grenznahen Tankstellen und an Grenz-übergängen. Die Vignette wird zusammen mit dem Kraftfahrzeugkennzeichen digital abgespeichert. Ver-bunden mit dem gewählten Geltungszeitraum können

Autofahrer dann das gesamte tschechische Autobahn nutzen.

Die ersten Kilometer der Einreise nach Tschechien sind frei. Auf der Autobahn D8 von Dresden nach Prag darf man ohne Vignette bis zur ersten Raststätte (Varvažov) fahren. Die Autobahn D7 (Komotau-Prag) ist bis kurz vor Louny ebenfalls gebührenfrei, bei der Einreise von Zittau nach Reichenberg (Liberec) kann man PKW die Nationalstraße 35 nutzen, ohne zu zahlen, denn sie ist zwar vierspurig, gilt aber bis zum Kreuz bei Turnau (Turnov) nicht als Autobahn. Gebührenfrei sind auch ausgewählte Abschnitte in der Nähe großer Städte wie Prag oder Plzeň.

Doch wie auch immer, wir empfehlen die Vignette auf jeden Fall zu kaufen, am besten bereits zu Hause beim ADAC. Spart man sich die Vignette, zockelt man u.U. endlos durch kleine Dörfer und über holprige Straßen, die noch nicht einmal einen Mittelstreifen haben.

Autos mit Elektro- oder Wasserstoffantrieb können eine Befreiung von der Vignette schriftlich beantragen. Das Formular kann auf der Webseite **edalnice.cz** heruntergeladen werden. Für Fahrzeuge mit einem Erdgasantrieb kostet die Plakette nur die Hälfte.

- Die zulässige Höchstgeschwindigkeit in Ortschaften beträgt 50 km/h.
- Die zulässige Höchstgeschwindigkeit für PKW, Kraftfahrzeuge und Kleinbusse mit einem Gesamtgewicht bis 3.500 kg beträgt auf Straßen 90 km/h und auf Autobahnen 130 km/h.
- Die zulässige Höchstgeschwindigkeit für Wohnmobile und andere Fahrzeuge mit einem Gesamtgewicht über 3.500 kg beträgt auf allen Straßen 80 km/h. Kleinere Wohnmobile dürfen 90 km/h auf Landstraßen und 130 km/h auf Autobahnen fahren.
- Die zulässige Höchstgeschwindigkeit für Motorräder beträgt 90 km/h.

Achtung! - Blinkt an Bahnübergängen ein weißes Licht, dürfen Sie fahren - bei Rot müssen Sie stehen bleiben.

Es gilt ganzjährige Lichtpflicht, und Kraftfahrer müssen ein Set mit Ersatz-Glühbirnen für das Kfz mitführen.

Für alle Fahrzeuginsassen müssen Warnwesten an Bord sein. Hat man einen Unfall oder eine Panne, ist das Anlegen der Westen außerhalb geschlossener Ortschaften bei Verlassen des Fahrzeugs Pflicht. Bei Unfällen mit Personen- oder Sachschaden über 20.000,- CZK muss die Polizei eingeschaltet werden.

Parken

So schön Prag ist, Autodiebstähle passieren leider immer wieder. Parken auf der Straße ist nur an Parkuhren oder innerhalb gekennzeichneter Zonen erlaubt! Falschparken hat zumeist den Einsatz von Parkkrallen oder das Abschleppen des Fahrzeugs zur Folge, und das wird sehr teuer. Noch teurer ist das Parken auf Behindertenparkplätzen, es kostet 400 Euro und mehr!

Das Auto lässt man deshalb am besten außerhalb der Stadt auf einem bewachten Parkplatz stehen und fährt mit den öffentlichen Verkehrsmitteln weiter. Kein Problem, denn das Nahverkehrsnetz ist sehr gut ausgebaut. Von 5 Uhr morgens bis 24 Uhr fährt die Metro in Abständen von maximal 10 Minuten, auch Busse, Nachtbusse und Straßenbahnlinien bringen einen überall hin. Die Parkplätze schließen um 01.00 Uhr nachts und öffnen erst wieder ab 04.00 Uhr morgens.

> Tipp: Auch auf bewachten Parkplätzen nichts im Wagen liegen lassen!

Das Parken kostet auf P + R Parkplätzen meist nur einen Obolus. In Verbindung mit dem Parkschein erhält man an den Automaten auf den Parkplätzen vergünstigte Fahrscheine für die öffentlichen Verkehrsmittel.

Von den P + R Parkplätzen Běchovice und Radotín gehen Busse und Züge in die Innenstadt. Alle anderen P +
R Parkplätze sind auch ans U-Bahn-Netz angeschlossen.
Für unseren Rundgang müssen Sie zum Hauptbahnhof
(hlavní nádraží / Central Station)

Hier die Adressen für Ihr Navigationsgerät.

Prag 4, Chilská-Straße (U-Bahn-Linie C, Station Opatov)

Prag 5, Bucharova-Straße (U-Bahn-Linie B, Station Nové
Butovice)

Prag 5, Radlická-Straße (U-Bahn-Linie B, Station Rad-
lická)

Prag 5, Zličín (U-Bahn-Linie B, Station Zličín)

Prag 5, Radotín (bei der Eisenbahnhaltestelle)

Prag 7, Bahnhof Holešovice (U-Bahn-Linie C, Station
Nádraží Holešovice)

Prag 8, Palmovka (U-Bahn-Linie B, Station Palmovka)

Prag 9, Cíglerova-Straße (U-Bahn-Linie B, Station Rajská
zahrada)

Prag 9, Chlumecká-Straße (U-Bahn-Linie B, Station
Černý Most)

Prag 10, V Rybníčkách-Straße (U-Bahn-Linie A, Station
Skalka)

Falls Sie doch lieber in die Stadt fahren: Ein bewachter
Parkplatz direkt am Hauptbahnhof ist der Parkkomplex

Wilsonova an der ulice Wilsonova / ulice Divadla – ist allerdings auch nicht gerade billig.

Ebenfalls in der Nähe des Hauptbahnhofes – Mr. Parkit, Garage Spanelska

Mehr dazu finden Sie unter www.czech-tourist.de/parken-parkplaetze.htm

Parken für Campingfahrzeuge

Auf den P&R Parkplätzen (siehe oben) ist auch das Parken von Wohnmobilen erlaubt.

Auf www.eurocampings.de/tschechien/prag/ finden Sie Campingplätze ganz nach Ihren Wünschen. Zum Beispiel behindertengerechte Campingplätze oder Campingplätze für Hundebesitzer.

Öffentliche Verkehrsmittel und Taxi

Das öffentliche Verkehrsnetz von Prag ist gut ausgebaut, die Preise sind verhältnismäßig günstig. Tickets für Metro, Bus und Tram können an Automaten in allen Metro-Stationen bzw. an Haltestellen des ÖPNV und meist auch im Hotel gekauft werden. Einzeltickets sind auch an einigen Straßenkiosken erhältlich.

Eine Metrokarte zum Ausdrucken finden Sie hier: www.myczechrepublic.com/de/prag/prag-metro.html

Die Prager **U-Bahn-Linien** sind mit unterschiedlichen Buchstaben und in verschiedenen Farben gekennzeichnet. Die Strecke
Skalka bis Dejvicka erkennt man an der Farbe Grün (A),
Cerný most bis Zlicín an der Farbe Gelb (B),
Ládví bis Háje an der Farbe Rot (C).
Die U-Bahn verkehrt von 5:00 h bis 00:00 h (ab Ausgangsstation). Während der Rushhour fahren die Züge alle 2 bis 3 Minuten, ansonsten 4 alle bis 10 Minuten. Alle Stationen sind mit Rolltreppe ausgestattet, einige davon auch behindertengerecht.

Die **Straßenbahn** ist in Prag ein beliebtes Verkehrsmittel. Am Tag verkehren sie ab 4:30 Uhr morgens bis Mitternacht im 8 bis10 Minutentakt, am Wochenende alle 8 bis 15 Minuten. Die Nachtbahnen (Nummern 51-58) verkehren zwischen 0:30 Uhr und 4:30 Uhr in Abständen von 40 Minuten.

Die Bahn mit der Nummer 22 fährt entlang des Nationaltheaters zu den U-Bahn Stationen Staroměstská und Malostranská und weiter zum Belveder, zum Prager Schloss und zur Endstation Pohořelec. Sie wird gerne auch von Touristen benutzt, weil sie die Burg anfährt

(Seite *Alte Schlossstiege*) und einige atemberaubende Ausblicken bietet.

Fahrpläne sind an den Haltestellen angebracht. Der Tagesbetrieb dauert von 4:30 Uhr bis Mitternacht. Der Nachtbetrieb beginnt um 00:30 Uhr und dauert bis 4:30 Uhr. Es fahren die ‚blauen' Straßenbahnlinien Nr. 51 bis 58. Zentrale Umsteigehaltestelle der Nachtstraßenbahnen ist die Haltestelle Lazarská.

Der Fahrbetrieb der **Busse** gleicht dem der Straßenbahnen. Der Nachtbetrieb wird von den Linien Nr. 501 bis 512 übernommen. Auch die Fahrpläne der Busse sind an den Haltestellen angebracht.

Die Linie 119 verbindet den Ruzyně Flughafen mit der Dejvická U-Bahn Station – eine preiswerte Möglichkeit, um vom Flughafen in die Stadt zu kommen.

Taxi - Beachten Sie die Preislisten, die am Seitenfenster eines Taxis aushängen müssen. Taxis, die an Plätzen warten, an denen vor allem Touristen einsteigen (Altstädter Ring, Wenzelsplatz, Burg oder Bahnhof) sind leider manchmal mit einem manipulierten Taxameter ausgerüstet. Lassen Sie sich nicht auf Preisabsprachen vor Abfahrt ein, dabei kommen Sie immer schlechter weg! Haben Sie den Verdacht, übers Ohr gehauen worden zu sein, lassen Sie sich eine Quittung geben, die Sie eventuell bei der Polizei vorlegen können, und notieren Sie sich die Nummer des Taxis.

Wichtig: Bezahlen Sie im Taxi nicht mit Karte! Ein beliebter Trick unter den 'Schwarzen Schafen' der Taxifahrer: Sie geben statt z.B. 800 CZK 8000 ein.

Am besten, Sie halten sich nur an Wagen der beiden großen Taxiunternehmen AAA und Profi-Taxi – sie verpflichten sich zu Ehrlichkeit und Anstand.

Einreisebestimmungen und Zoll

EU-Bürger benötigen kein Visum. Zur Einreise genügt ein noch drei Monate gültiger Reisepass, Personalausweis bzw. Kinderreisepass mit Lichtbild! Kinder unter 16 Jahren müssen im Pass eines Elternteils eingetragen sein. Hunde und andere Haustiere benötigen einen gültigen Tierausweis. Ausländische Währung darf in unbegrenzter Menge eingeführt werden. Bei größeren Barbeträgen empfiehlt sich eine Anmeldung bei der Einreise.

Bei der Ausfuhr aus Tschechien sind für EU-Bürger Waren zum persönlichen Gebrauch zollfrei. Richtwerte im großen Grenzverkehr (mehr als15 km von der Grenze entfernt) für Tabakwaren: 800 Zigaretten, 400 Zigarillos (Zigarren mit einem Höchstgewicht von 3 g pro Stück), 200 Zigarren oder 1 kg Tabak. Bei Getränken sind 10 kg Kaffee, 110 l Bier, 90 l Wein, 20 l Likör erlaubt.

Achtung: Wer mit unerlaubten Mengen vom deutschen Zoll angehalten wird, muss nicht nur die Steuer nachbezahlen, die Ware wird beschlagnahmt und vernichtet!

Verbote oder Beschränkungen bestehen für artengeschützte Tiere / Arzneimittel / Drogen / gefährliche Hunde (Kampfhunde), Haustiere und tierische Produkte / Lebensmittel / nachgeahmte Waren, die den Tatbestand der Produkt- oder Markenpiraterie erfüllen / sanitären Pflanzenschutz / Schriften mit verfassungswidrigem Inhalt / Pornografie / Waffen und Munition (Sportschützen, Jagdwaffen usw.) / Feuerwerkskörper. Achtung, bei Einfuhr von nicht zugelassenen Feuerwerkskörpern wird ein Strafverfahren eingeleitet! Zugelassene Feuerwerkskörper (Kleinfeuerwerke der Klasse P I und P II) sind bei der Einfuhr stets anzumelden. Die Einfuhr von Feuerwerkskörpern der Klasse P II ist grundsätzlich nur in der Zeit vom 28., bzw. 29. bis 31. Dezember zulässig.

Für Schweizer gelten andere Höchstmengen, siehe www.zoll.admin.ch

Was tun wenn ...? Telefonnummern und Adressen für Notfälle

Zentraler Notruf 112

Krankenwagen 155

Feuerwehr 150

Polizei 158

Stadtpolizei 156

Pannenhilfe 1230

ADAC - In vielen Urlaubsländern, so auch in Tschechien, betreibt der ADAC eigene Notrufstationen mit deutschsprechenden Mitarbeitern. An diese werden Sie automatisch von der Zentrale in München weiterverbunden. Oder Sie wenden sich direkt an den ADAC in der Tschechischen Republik.

Bei Unfall oder Autodiebstahl: (+420) 261 104 351 oder (+420) 261 104 352

Gehörlose und Sprachbehinderte können eine E-Mail an die Adresse webnotruf@adac.de senden.

ÖAMTC - Tel: +43 12512000 – Notruf und Rechtsberatung

TCS - Dringende Assistance-Anfragen rund um die Uhr: Einsatzzentrale ETI / Chemin de Blandonnet 4 / CP 820

1214 Vernier / Tel +41 58 827 22 20 / Fax +41 58 827 50 12 / email: eti@tcs.ch
Bei einem medizinischen Notfall im Ausland unverzüglich die ETI Einsatzzentrale benachrichtigen!

Falls Ihre Geldkarte verloren ging

Für deutsche Kontoinhaber: Es gibt einen allgemeinen Sperr-Notruf, der aus dem In- und Ausland unter der Nummer (0049) 116 116 erreichbar ist. In Fällen, in denen der ausländische Telefonanbieter diese Nummer nicht verarbeiten kann, steht alternativ die 0049 3040504050 zur Verfügung. Sprach- oder Hörgeschädigte können unter der gleichen Nummer auch eine Sperrung per Fax veranlassen.

Speziell für Euro/Mastercard sperren unter Tel. 0049-69-79331910 oder im Notfall als R-Gespräch 001-314-275-6690

Speziell für Visa sperren unter Tel. 800-819-014 oder im Notfall als R-Gespräch 001-303-967-1096

Schweizer wenden sich bei Verlust oder Diebstahl von Karten, Dokumenten oder Handys (SIM-Karte) oder bei Zwischenfällen rund um Autoschlüssel und -radios an die Telefonnummer +41 58 827 22 20 (rund um die Uhr)

Österreicher, die ihre Kreditkarte verloren haben, wählen folgende Telefonnummern:
Visa: +43 1171111-770
Pay Life: +43 1717014500

Botschaften

Deutsche Botschaft/ Vlašská 19 / Praha 1 (Metrostation Malostranská, Linie A) / Tel.: 257113111 / Fax 257534056

Österreichische Botschaft / Viktora Huga 10 / Praha 5 (Metrostation Anděl, Linie B) Tel.: 257090511 / Fax 257316045
(http://www.bmeia.gv.at/botschaft/prag.html)

Schweizer Botschaft / Pevnostní 7 / Praha 6 (Metrostation Dejvická, Linie A) Tel.: 220400611 / Fax 224311312 / (www.eda.admin.ch

Was tun im Krankheitsfall?

Wer ins Ausland reist, sollte für Notfälle immer seine Europäische Gesundheitskarte EHIC mit sich führen, erhältlich bei der Krankenkasse. Auch ein Auslandsschutzbrief ist sinnvoll. Alle Dienstleister im Bereich Gesundheitspflege müssen Patienten mit europäischer Krankenversicherungskarte medizinisch versorgen. Die deutsche Krankenkasse bezahlt aber nur, was auch zu Hause zum Leistungskatalog gehört. Rücktransporte nur über eine Auslandskrankenversicherung, Zahnbehandlungen müssen vorher mit der Krankenkasse abgesprochen werden.

Nicht-EU-Bürger sollten noch vor der Abreise in ihrem Land eine Reisekrankenversicherung abschließen.

Wer nicht versichert oder privat versichert ist, muss ärztliche Leistungen in bar bezahlen. Für die Rückerstattung zu Hause lassen Sie sich eine Quittung geben.

Für plötzliche Erkrankungen, Unfälle und sonstige akute Fälle sind Bereitschaftsdienste in speziellen Arztpraxen oder die Notaufnahmen in Krankenhäusern zuständig. Bei Lebensgefahr kann man den ärztlichen Rettungsdienst rufen. Die Notrufnummer ist 112.

Medikamente kann man in der Tschechischen Republik auch ohne Rezept bekommen. Beachten Sie aber die Ausfuhrbestimmungen!

Post / Telefon / Handy / Internet / Strom

Eine Post gibt es in den Straße Štěpánská Nr. 20 oder der Jindřišská 909/14, beide im weiteren Umfeld des Wenzelplatzes. Für Ansichtskarten und Briefe wird dasselbe Porto berechnet. Briefmarken für Postkarten und Briefe ins europäische Ausland bekommt man in Postfilialen (pošta) und vielen Tabakläden (tabák, trafika), häufig auch dort, wo man Ansichtskarten kaufen kann.

Vorwahl nach Deutschland 0049, Österreich 0043, Schweiz 0041, Tschechien 00420.

Mobilfunkanbieter sind O2, T-Mobile und Vodafone, die Netzabdeckung ist in Tschechien fast hundertprozentig. Internetzugang ist problemlos, es gibt kaum noch langsame Modem-Anschlüsse. In den meisten Hotels oder Raststätten kommt man mit WLAN ins Netz.

Einen kostenlosen Hotspot (WLAN / 802.11b,Wi-Fi) findet man am 'Telepoint' (Bürogebäude Czech Telecom). Adresse: Jindrisska, Nr. 14. Das ist nicht weit vom Bahnhof und unserem Rundgang entfernt.

So kommen Sie hin: Biegen Sie an der Jerusalemsynagoge links ab, dann rechts und wieder links.

Prag verfügt außerdem über viele Internetcafés. Adressen unter www.worldofinternetcafes.de

Stromspannung: Im Allgemeinen 220 V, in Ausnahmefällen auch 110 V.

Währung / Banken / Geld wechseln

Währung ist die Tschechische Krone. Hier finden Sie den aktuellen Wechselkurs: (https://www.umrechner-euro.de/wechselkurs-tschechische-kronen)

Münzen: 10, 20 und 50 Heller. 1, 2, 5, 10, 20 und 50 Kronen.
Banknoten: 50, 100, 200, 500, 1000, 2000 und 5000 Kronen.

Achtung: Vor allem in der Innenstadt auf den ‚Touristenwegen' gibt es viele Wechselstuben. Sie locken mit attraktiv aussehenden Wechselkursen, berechnen dann aber meist eine saftige Provision. Auch gelten die günstigen Kurse in der Regel nur für sehr umfangreiche Transaktionen. Deshalb: Erkundigen Sie sich genau, bevor Sie Ihr Geld aushändigen. Auch Geld am Flughafen oder bei der Hotelrezeption abheben kommt teuer!

Am günstigsten ist es, Bargeld am Geldautomaten einer Bank abzuheben. Dabei ist es sicherer, einen Automaten zu wählen, der sich innerhalb einer Bank befindet. Ein beliebter Trick, an Ihre Karte zu kommen: Jemand lässt neben Ihnen einen Geldschein fallen, deutet darauf und behauptet, Sie hätten ihn soeben verloren. Während Sie danach sehen oder sich gar bücken, um ihn aufzuheben, wird Ihre Karte, eventuell auch Ihr Bargeld gestohlen.

Die Gebühr für die Geldtransaktion ist übrigens immer gleich, egal ob man viel oder wenig abhebt. Deshalb besser einen großen statt viele kleine Beträge abheben. Auch beim bargeldlosen Bezahlen mit EC-Karte entstehen Gebühren.

Wichtig: Keinesfalls bei jemandem Geld wechseln, der Sie auf der Straße anspricht!

Tipp: Halten Sie immer etwas Kleingeld für die Fahrkartenautomaten oder für öffentliche Toiletten bereit. Ebenso einige kleinere Banknoten für Cafés, Bars, Taxis und kleine Geschäfte, da größere Banknoten oft (angeblich) nicht gewechselt werden können und Sie so gezwungen sind, ein größeres Trinkgeld zu geben, als Sie eigentlich wollten.

Essen, Trinken, Trinkgeld

Wenn Sie essen gehen, suchen Sie sich selbst Ihren Platz aus, es sei denn, Sie werden beim Eintreten ‚in Empfang genommen', was nur in gehobenen Lokalen üblich ist.

Die Preise auf der Speisekarte sind inklusive Mehrwertsteuer und Bedienungsgeld. Wenn man zufrieden war, kann man ein Trinkgeld zwischen 5% und 10% geben, bzw. aufrunden. Dann nennt man beim Bezahlen den Gesamtbetrag (kein Trinkgeld auf den Tisch liegen lassen). Beim Essen in preiswerten Restaurants sollte man seine Rechnung überprüfen, ob die Preise mit denen auf der Karte übereinstimmen oder Posten hinzugefügt wurden.

Die Spezialitäten der böhmischen Küche sind nicht jedermanns Sache. Manchen ist das Essen zu schwer, oder sie mögen solche Dinge wie Kutteln (eine beliebte Vorspeise in der böhmischen Küche) einfach nicht. Andere Touristen wiederum genießen täglich einen deftigen Schweine- oder Sauerbraten mit Kraut und Semmel-, Speck- oder Kartoffelknödeln. Unter den Nachspeisen in der böhmischen Küche sind Palatschinken oder Buchteln (Dampfnudeln) der Renner.

Auf der Straße kann man überall 'Trdelník' kaufen. Das ist ein Teig, der um einen heißen Stock gewickelt, gegart und dann in Zucker gewälzt wird. Sieht ein wenig aus wie Baumkuchen.

Neben der typisch böhmischen Küche gibt es in Prag auch zahlreiche internationale Spezialitätenrestaurants wie Chinesen, Italiener, Inder oder Japaner, doch die Preise in solchen Restaurants sind deutlich höher.

Bei den Getränken steht das Bier (tschechisch Pivo) eindeutig an oberster Stelle. Die Tschechen haben den höchsten Pro-Kopf-Verbrauch an Bier in Europa. In unzähligen Schankstuben und Bierkneipen (tschechisch Hospoda) fließt es aus goldfarbenen Zapfhähnen in Halbliterkrüge. Nach einer Umfrage der Tageszeitung *Mladá fronta* sind die beliebtesten Biere in Tschechien Pilsner Urquell, Gambrinus, Radegast und Budweiser, aber auch Bier mit Kirsch-, Bananen- oder Kaffeegeschmack wird getrunken.

Na denn „Na zdraví!" – oder auf gut deutsch: „Prost!"

Einkaufen, Souvenirs, Öffnungszeiten

In Tschechien werden die Läden um 8 Uhr bzw. 9 Uhr morgens geöffnet, geschlossen wird um 18 oder 19 Uhr. Manche Lebensmitteldiscounter öffnen bereits um 7 Uhr und schließen erst um 22 Uhr. Kleinere Geschäfte schließen über Mittag. Am Samstag bleiben einige Läden ganz geschlossen, anderen haben verkürzte Öffnungszeiten. Sonntags bleiben die Geschäfte ebenfalls geschlossen.

In Prag gibt es jedoch viele Ausnahmen! Von Touristen häufig frequentierte Geschäfte und Kaufhäuser öffnen an Samstag- und Sonntagnachmittagen, viele sogar an gesetzlichen Feiertagen.

Schnäppchen kann man eher in kleineren Läden machen, die großen Kaufhäuser rund um den Wenzelsplatz sind relativ teuer.

Preiswerte tschechische Kristall- und Glaswaren findet man überall in der Stadt. Auch handgefertigte Kopien historischer Glasarbeit, wie z.B. Gläser aus der Zeit Karls IV. oder Rudolfs II. kann man erstehen.

Berühmt ist Tschechien auch für seine Glasperlen und -juwelen und seinen Strassschmuck. Doch Achtung, es gibt viele Straßenverkäufer, die kleine Päckchen mit Glasperlen anbieten, die vollkommen überteuert sind.

Auch Porzellan und Keramik werden in guter Qualität relativ günstig angeboten. Des Weiteren Holzspielzeug, Marionetten, handgefertigte Seife, Bienenwachskerzen, Trockenblumengestecke und handbemalte Ostereier (kraslice), die wahre Kunstwerke sind! Wer Süßes mag, kann Karlsbader Oblaten (lázeňské oplatky) kaufen, die es in verschiedenen Geschmacksrichtungen gibt.

Unter den flüssigen Souvenirs gibt es neben Bier in den verschiedensten Geschmacksrichtungen und Verpackungen den 'Karlsbader  Becher' (Becherovka), einen Kräuterlikör, der gut für den Magen ist und verdauungsfördernd sein soll.

Feiertage sind am:

1. Januar = Neujahr

März/April = Ostern

1. Mai = Tag der Arbeit

8. Mai = Tag der Befreiung

5. Juli = Tag der Slawen-Apostel Method und Kyrill

6. Juli = Tag der Reformation

28. September = St. Wenzel Tag

28. Oktober = Unabhängigkeitstag (Nationalfeiertag)

17. November = Tag der Freiheit und Demokratie

25./26. Dezember = Weihnachten

Nützliche Vokabeln

Allgemein:

Guten Tag - dobrý den

Gute Nacht – dobrou noc

Auf Wiedersehen – na shledanou

Hallo, grüß Dich, Tschüß – Ahoj

Ich verstehe Sie nicht. – Já Vám nerozumím.

Ja – Ano

Nein – Ne

Bitte – prosím

Danke - děkují / dík

Frau – paní

Herr – pan

Entschuldigung – Promiňte

Wie bitte? – Jak prosím?

Wann? – Kdy?

Wo? – Kde?

Wer? – Kdo?

Wie? – Jak?

Warum? - Proč?

Montag – pondělí

Dienstag – úterý

Mittwoch – středa

Donnerstag – čtvrtek

Freitag – pátek

Samstag – sobota
Sonntag - neděle

Einkaufen:
Bäckerei – pečivo, pekárna, pekařství
Lebensmittelladen – potraviny
Markt – tržnice
Haben Sie…? - Máte…?
Wieviel kostet das? – Kolik to stoji?
Das ist mir zu teuer. – To je moc drahý
Reparaturen – opravna
Geöffnet – otevřeno
Geschlossen - zavřeno

Restaurantbesuch:
Bier – pivo
Wein – vino
Kaffee – kava
Tee – čaj
Mineralwasser – sodovka
Wo sind die Toiletten? – Kde jsou záchody?
Bitte zahlen! - Zaplatit, prosím!

Notfall:
Hilfe! – Pomoc!
Achtung! – Pozor!
Polizei – policie

Feuerwehr - hasiče

Arzt – lékař

Apotheke – lékárna

Zahnarzt – zubař

Krankenhaus- nemocnice

bank – banka

Einkaufszentrum - nákupní centrum

Kaufhaus - obchodní dům

Rufen Sie bitte einen Krankenwagen! - Závolejte, prosím sanitku!

Verkehr:

Wo ist... - Kde je...

Ist das weit? – Je to daleko?

Bahnhof - Vlakové nádraží

Straßenbahnstation -Tramvajová zastávka

Bushaltestelle - zastávka autobusu

Tickets – jizdenky

U-Bahn - metro / U-Bahnstation - stanice metra

Eingang – vstup

Ausgang – výstup

Linie (A, B, C) - linka (A, B, C)

Umsteig – přestup

Route – trasa

Unser Verlagsprogramm

Reiseführer aus unserem Verlag

Cres und Losinj -
ISBN Buch: 978-3-946280-54-5
ISBN E-Book: 978-3-946280-53-8
ASIN: B07B8NRDL2

Kreuzfahrt Madeira & Kanaren
ISBN Buch: 978-3-946280-26-2
ISBN E-Book: 978-3-946280-34-7
ASIN: B01F3STFFE

Krk -
ISBN Buch: 978-3-946280-17-0
ISBN E-Book: 978-3-946280-12-5
ASIN: B017WDI53G

Sevilla -
ISBN Buch: 978-3-946280-22-4
ISBN E-Book: 978-3-946280-09-5
ASIN: B015WKTK8K

Amsterdam –
ISBN Buch: 978-3-946280-21-7
ISBN E-Book: 978-3-946280-04-0
ASIN: B015WKTX8W

Salzburg -
ISBN Buch: 978-3-946280-24-8
ISBN E-Book: 9783946280019
ASIN: B0158B5ZC

Kopenhagen -
ISBN Buch: 978-3-946280-25-5
ISBN E-Book: 978-3-946280-03-3
ASIN: B015D045U2

Avignon -
ISBN Buch: 978-3-946280-49-1
ISBN E-Book: 978-3-946280-48-4
ASIN: B074C61QS5

München –
ISBN Buch: 978-3-946280-28-6
ISBN E-Book: 978-3-946280-29-3
ASIN: B01NH9HJPM

Prag -
ISBN Buch: 978-3-946280-20-0
ISBN E-Book: 978-3-946280-08-8
ASIN: B015WKTUNU

Venedig -
ISBN Buch: 978-3-946280-19-4
ISBN E-Book: 978-3-946280-10-1
ASIN: B015WKU1I8

Nürnberg -
ISBN Buch: 978-3-946280-18-7
ISBN E-Book: 978-3-946280-00-2
ASIN: B015WKTUNU

Danzig -
Buch - ISBN: 978-3-946280-23-1
ISBN E-Book: 978-3-946280-06-4
ASIN: B015WKTRA6

Trier –
ISBN Buch: 978-3-946280-36-1
ISBN E-Book: 978-3-946280-35-4
ASIN: B01IDCGDES

Radreisen-Ratgeber

Radreisen – Alles, was Sie wissen müssen
ISBN Buch: 978-3-946280-62-0
ISBN E-Book: 978-3-946280-61-3
ASIN: B0848HM8WC

Weser – Elbe – Weser-Harz-Heide -
Drei Radfernwege zu einer Radreise zusammengefasst
Buch: 978-3-946280-67-5
E-Book ISBN: 978-3-946280-66-8
ASIN : B08RYYVDRN

Der Innradweg auf zwei Rädern und vier Pfoten –
ein heiterer Erlebnisbericht mit vielen praktischen
Reisetipps für Mensch und Hund
ISBN E-Book: 978-3-946280-44-6
ASIN: B01MS9LNHO

Ratgeber Lebenshilfe

Von Trennung, Tod und Trauer
ISBN Buch: 978-3-946280-32-3
ISBN E-Book: 978-3-946280-02-6
ASIN: B015D045U2

Angst überwinden und stark sein
ISBN Buch: 978-3-946280-31-6
ISBN E-Book: 978-3-946280-05-7
ASIN: B015WKTRYW

So finde ich mein Glück
ISBN Buch: 978-3-946280-30-9
ISBN E-Book: 978-3-946280-07-1
ASIN: B015WKTWRY

Können Igel fliegen?
Alles, was Kinder über Igel wissen wollen
ISBN E-Book 978-3-946280-68-2
ISBN Buch 978-3-946280-69-9
ASIN:B094NGBW6J

Die Holunderküche -
ISBN Buch: 978-3-946280-40-8
ISBN E-Book: 978-3-946280-11-8
ASIN: B017WCDE1

'Lesefutter' aus unserem Verlag

Perle aus der Hundefabrik
Acht berührende Hundegeschichten
ISBN E-Book: 978-3-946280-74-3
ISBN Buch: 978-3-946280-75-0
ASIN: B0BKH23GK9

Mord mit Herz - Ronda Hendrikus
Acht Ladykrimis für zwischendurch
ISBN E-Book: 978-3-946280-13-2
ASIN: B0182GC8JY

Verlorene Töchter - Ronda Hendrikus
Sieben Ladykrimis für zwischendurch
ISBN E-Book: 9783946280415
ASIN: B01MSY9JRO

Cognac mit Schuss - Ronda Hendrikus
Acht Ladykrimis für zwischendurch
ISBN E-Book: 978-3-946280-15-6
ASIN: B018K9SH16

Geliebter Mörder - Ronda Hendrikus
Sieben Ladykrimis für zwischendurch
ISBN E-Book: 978-3-946280-14-9
ASIN: B018K9SV76

Seine letzte Bahnfahrt - Ronda Hendrikus
Neun Ladykrimis Ladykrimis für zwischendurch
ISBN E-Book 978-3-946280-63-7 / ASIN: B088HGHVB6

Oje, du fröhliche … - Friederike Costa
Vierzehn Weihnachtsgeschichten
ISBN E-Book: 978-3-946280-16-3
ASIN: B018UJZF8E

Oma, hast du Strapse? - Friederike Costa
18 Kurzgeschichten für Frauen im besten Alter
ISBN E-Book: 978-3-946280-37-8
ASIN: B01LF7QIWK

Liebe süß und scharf – Friederike Costa
13 Kurzgeschichten mit Kochrezepten
ISBN E-Book: 9783946280422
ASIN: B01N7K6FQN

Im Feuer der Liebe – Lina-Sophia Clement
Historischer Liebesroman
ISBN E-Book: 978-3-946280-52-1 / ASIN: B075CMT4X8

Die Liebe einer Königin – Lina-Sophia Clement
Acht historische Kurzromane
ISBN E-Book: 978-3-946280-55-2 / ASIN: B07CK7MSVT

Schokolade für die Liebe – Lina-Sophia Clement
Sieben historische Kurzromane
ISBN E-Book: 978-3-946280-56-9 / ASIN: B07F6XZ7KF

Tausend Sterne über der Wüste – Lina-Sophia Clement
Acht historische Kurzromane
ISBN E-Book: 978-3-946280-57-6 / ASIN: B07K6JDNNL

Die Tanztruppe vom dritten Stern rechts – Angeline Bauer
Jugendbuch – Ballett
ISBN Buch: 978-3-946280-73-6
ISBN E-Book: 978-3-946280-72-9 / ASIN: B0B8VSRR31

Literaturpreis Grassauer Deichelbohrer
33 Kurzgeschichten zum Thema NÄHE
Buch   - ISBN 978-3-946280-60-6
E-Book - ISBN 978-3-946280-59-0 / ASIN: B07YVD2K2P

Literaturpreis Grassauer Deichelbohrer
30 Kurzgeschichten zum Thema GEHEIMNIS
ISBN E-Book: 9783946280644 / 978-3-946280-64-4
ISBN Buch: 9783946280651 / 978-3-946280-65-1
ASIN - B08JZC34M1

Und mehr - unter www.by-arp.de